KB166562

누룩에 꽂힌 디자이너의
발효 탐방기

NIHON HAKKO KIKO
©Hiraku Ogura 2019, 2022

First published in Japan in 2022 by KADOKAWA
CORPORATION, Tokyo.

Korean translation rights arranged with KADOKAWA
CORPORATION, Tokyo through Eric Yang Agency Inc, Seoul.

일러두기

○ 저자 주와 역자 주는 다음 약물로 구분했다. 저자 주: ● 역자 주: ○

○ 발효음식을 가리키는 말 가운데 우리말과 원어를 혼용한 것들이 있다.
  예) 된장/미소, 술/사케 또는 니혼슈, 절임/~쓰케 또는 ~쓰케모노

○ 모든 사진은 저자의 사진집 『發酵する日本』(2020, Aoyama Book Cultiva-
  tion)에서 선별하여 실은 것이다.

○ 본문 맨 뒤에는 저자가 이야기한 발효음식 관련 업체의 홈페이지를 정
  리하여 수록했다.

○ 이 책의 본문은 '을유1945' 서체를 사용했다.

누룩에 꽂힌 디자이너의 발효 탐방기

오구라 히라쿠 지음
송승호 옮김

효형출판

목차

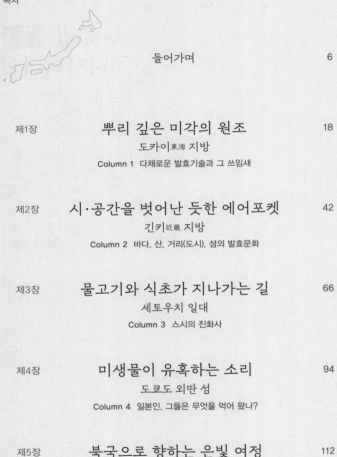

들어가며

　　나무들이 잎을 떨구고 흙과 물속 생명체가
숨을 죽이는 계절, 변두리 양조장에서 '푸, 푸' 하고
앙증맞은 소리가 들려온다. 오케(桶)나 타루(樽) 같은
나무통° 안에서 미생물들이 움직이기 시작했음을
알리는 소리다.

　　강이 얼 정도의 추위 속에 양조장에서 일하는
사람들은 웃옷을 벗고 좁은 작업실에 들어간다.
방문을 열면 촉촉한 수증기와 달콤한 밤 같은 향기가
훅 끼쳐 온다. 방 한가운데 바닥이 얕은 풀(pool)
같은 긴 상자가 있는데, 안개 낀 듯한 모양의 밥이
바닥에 깔려 있다. 밥알에 붙어 있는 안개 같은 것은
곰팡이다. 독을 뿜지 않고 유익한 성분을 만들어 주는
'니혼코우지가비(ニホンコウジカビ)'°°라는 신비로운
미생물이다. 방에 가득한 열기와 향은, 밥알을 먹고
폭발적으로 증식해 가는 이 곰팡이에서 나오는
것이다. 사람들은 밥을 양팔로 휘젓고 흐트러뜨린

° 오케는 뚜껑 없는 나무통이고
타루는 뚜껑 있는 나무통이다.

°° 일본식 누룩곰팡이. '코우지'에 해
당하는 누룩은 우리나라의 누룩과 모
양새와 성질, 역할 등이 다르다.

다음, 곡예하듯 바닥에서 퍼 올려 분수처럼 공중에
흩뿌린다. 이렇게 뒤섞어서 곰팡이가 호흡하는 데
필요한 산소를 공급하고, 화상을 입히지 않도록
적당히 열을 내보낸다. 작업이 끝나면 곰팡이가
무성한 밥알갱이, 곧 누룩을 뚫어지게 바라본다.

"아주 좋아. 잘 자라고 있어."

"습도는 이대로 괜찮을까?"

"조금만 더 건조하게 하자."

그들은 손과 코로 곰팡이들과 대화한다. 방에서
나오면 계단을 올라가서 무도장(舞蹈場)같이 차고
건조한 곳으로 옮겨간다. 그곳에는 작은 탱크가
일정한 간격으로 놓여 있다. 탱크 안의 베이지색
페이스트에서 무수히 많은 작은 거품이 떠오르며 풋,
풋 하고 소리를 내고 있다. 이 페이스트는 방금 전
작업실에서 누룩곰팡이를 묻힌 누룩과 밥알을 물과
섞은 것이다. 거품을 내는 것은 효모다. 곰팡이가
밥알을 분해한 당분을 먹고 많은 가스를 방출한다.
가스는 누룩 페이스트에 함유된 단백질과 지질의
얇은 막으로 둘러싸여 기포가 되어 부풀어 오르다
터지는데, 그 거품 밑에서 술의 재료가 되는 알콜을
만들어 간다.

효고현 아와지시마(淡路島)의 니혼슈 술도가 미야코비진(都美人).

새벽 5시, 도시 사람들이 깊이 잠들어 있거나 밤새 일한 이들이 겨우 잠자리에 드는 시간에 양조장에서는 일이 시작된다. 쌀을 씻고, 쪄서 방으로 옮기고, 곰팡이를 살펴보고, 탱크에 술의 원료를 넣는 등 양조장 사람들은 하루 종일 미생물들을 보살핀다. 아직 해 뜨기 전, 주위가 조용한 가운데 묵묵히 작업한다. 아무런 소리도 들리지 않을 텐데 안에는 신비로울 정도의 복닥거림이 있다. 보이지 않는 미생물들이 시시각각 수를 늘려가며 누룩실과 탱크 안에서 소곤거린다. 술 양조장에서 일하는 사람들은 뚫어지게 바라보며 그들이 내는 소리에 귀 기울인다.

미야코비진 양조장에서 누룩 만드는 장면

보이지 않고 들리지 않는 마이크로의 대화.

이윽고 아침놀이 술 양조장을 비추고, 학교로
향하는 아이들의 목소리가 멀리서 들려온다. '사람의
시간'이 시작된 것이다.

✳

외할아버지는 사가현 겐카이나다(玄界灘)에서
고기 잡는 어부였다. 도쿄 태생의 허약한 어린이였던
나는 초등학생 때, 여름방학이면 사가현의 외갓집에
맡겨졌다. 바다에서 헤엄치기도 하고 산비탈에서
뛰놀기도 하며 몸이 단단해졌다. 그런 가운데서도
즐거웠던 일은 할아버지와 배 타고 고기 잡으러 가는
것이었다. 깊은 밤에 먼바다를 향해 떠나고 칠흑같이
어두운 바다에서 그물을 늘어뜨린다. 등대 불빛도
보이지 않고 사방은 온통 어둠에 싸여 있다. 걱정되어
할아버지께 여쭈었다.

"할아버지, 이렇게 캄캄한데 무섭지 않아요?"

"괜찮다. 바다 위로 길이 보이거든."

할아버지에게 별과 파도의 웅성거림은 자신이
있는 곳을 알려주는 GPS 정보 같은 것이었을 터다.

인구 2백 명 남짓한 작은 어촌에서 자란 할아버지는
고등교육을 받은 적이 없지만, 배 타고 한국과
오키나와, 타이완 등지로 가서 현지 말을 익혔다.
내게는 물이 모여 있는 것으로밖에 보이지 않는
바다에서 많은 메시지를 받아들여, 다음 날 날씨와
풍향을 놀랄 만치 정확하게 맞힐 수 있었다. 도회에서
자란 나에게는 초능력자처럼 느껴진 할아버지는
내가 초등학교 3학년 때 돌아가셨다. 세상을 떠나기
직전까지 배를 타며 바다와 함께한 일생이었다.

그 후 고등학교에 진학한 나는 사춘기를 거쳐
가는 여느 사내아이들이 그렇듯 미술과 음악에
빠져들었다. 여름방학 때는 도심의 갤러리와
라이브하우스에 온통 정신이 팔렸다. 더 성장해서는
먼 세계를 동경하여 해외로 배낭여행을 떠났다.
사가현에서 할아버지와 지낸 날들은 기억 저편에
가라앉고 나는 20대 전반까지 미지의 정보와 새로운
정보를 좇는 데 몰두했다. 정신을 가다듬고 보니
어느새 정보설계 전문가인 디자이너가 되어 있었다.

눈에 보이는 것, 글자로 쓰인 것, 누군가에게
발견되고 정리되고 편집된 것. 그런 '정보'를 모으고
엮어서 책자나 포스터 그리고 박스까지 만들었다.

그 일은 꽤나 즐거워서, 신출내기 디자이너였던 나는 아침부터 밤늦도록 컴퓨터와 씨름하며 출력된 도면에 매달렸다. 사회를 통제하고 관리하는 정보의 창조주가 될 수 있는 것에 보람을—정확하게는 우월감을 느끼고 있지 않았나 하는 생각도 든다. 보다 빨리 정보를 수집하고 정교하게 다루어 세상을 리드하는게 멋지다고 생각한 것 같다.

하지만 그런 삶에 전환점이 찾아왔다. 디자인 사무소를 차리고 도쿄를 떠나 지방에서 일을 시작했을 무렵, 양조가라는 신비스러운 존재와 만난 것이다. 술, 된장과 간장 만드는 식품회사라니 뭐 그냥 그런가 보다 했는데, 그들이 일하는 모습을 꼼꼼히 살펴보니 그때까지 익숙해 있던 일과는 동떨어진 딴 세상이었다. 양조장과 공장에서 매일 '미생물'이라는 눈에 보이지 않는 수수께끼 같은 존재와 악전고투한다. 말이 통하지 않는 미생물들에게 나를 맡김으로 깊은 맛을 지닌 음식물을 만들어간다. 아니, 그들에게 말하게 하면, 만드는 것은 인간이 아니라 미생물이다. 인간은 미생물들이 일하는 환경을 갖추어 주는 존재에 지나지 않는다.

인간은 물고기를 만들어낼 수 없다. 그것을

만들어내는 것은 물이다. 농작물을 만들어낼 수도
없다. 그것을 만드는 것은 흙이다. 어부나 농부,
양조가들의 일은 직접 뭔가를 만들어내는 게 아니라
만들어진(산출된) 것을 관찰하고 그 환경에 끼어들어
자연이 산출하는 힘을 인간 쪽으로 끌어들이는
메신저에 가깝다. 그래서 그들이 지녀야 할 첫째
감성은 관찰하는 것과 느끼는 것에서 출발한다.
그들이 지녀야 할 덕목과 정체성은 창조주가 아니라
자연의 이치나 움직임을 수신하는 안테나가 되는
것이다.

당시 나는 '창조적인 것'에 몰두했다. 그야말로
인생의 모토였다. 인간 세상과 다른 이치나 원리에
따라 살아가는 사람들과 만나는 것은, 미지 세계와의
만남인 동시에 끝없는 그리움의 대상이었다. 주어진
환경 속에서 온종일 사람에 부대끼다 매듭지어지는
일상은 근대 이후에나 생겨난 특별한 것은 아닐까?
할아버지나 양조가들처럼 살아온 사람들은 바다와
삼림과 미생물들과 일상을 나누었을 것이다.
그들의 기척을 느끼고, 인간끼리의 그것과는 다른
커뮤니케이션 회로를 지녔던 건 아닐까?

회사를 떠나 독립하게 된 직후 일감을 맡게 된 야마나시현 고후(甲府)의 오래된 된장 가게 고미쇼유(五味醬油)의 주인장과 술자리를 할 때 일이다. 밤 11시가 지날 무렵 갑자기 그가 "아, 누룩이 부르네. 가서 살펴봐야지."라며 양조장으로 돌아가 버렸다. 일 년 내내 니혼코우지가비와 함께하니 미생물들의 라이프사이클이 사람 몸과 동시에 흘러가게 된 것이다. 평일과 주말이 있고 일과 사적인 시간이 뚜렷이 나뉘는 '인간의 시간'. 이것과는 리듬과 흐름이 다른 시간의 마디가 몸에 새겨져 있는 것이다.

나도 그 감각을 이해하고 싶어 미생물학의 기초에 입문했다. 내친김에 집에서 누룩 만들기도 시작했다. 실패에 실패를 거듭하며 발효의 핵심적인 것들을 터득해가던 무렵의 어느 깊은 밤, 문득 '아, 지금 뭔가가 나를 부르고 있다!'라는 느낌이 들었다. 그것은 이른바 제6의 감각, 초능력이라기보다는 다른 미생물의 존재를 강하게 의식하며 생겨난, 미세한 기척에 대한 감각이다. 운동선수나 음악가가 지니게 된, 특정 영역에 대한 감각과 이해의 해상도가 극도로 높아진 상태 같은 것일 터다.

이런 감각을 지닐 때, 그 옛날 할아버지가 "바다

위에 길이 보인다."라고 하신 말씀을 어렴풋이나마
이해할 수 있는 듯했다. 정보가 되기 전의, 세상의
조짐을 파악하는 힘. 내가 내내 찾던 것과 만난 것이다.

꼭

마침내 나는 도쿄에서 디자이너의 길을 접고,
다양한 지역의 발효문화를 둘러보게 되었다. 그 여행
가운데 이성이 아닌 감성으로 살아가는 사람들을 참
많이도 만났다. 몇 세기나 끊임없이 이어져 온 생업,
그 고장 나름의 역사와 풍속을 자연스럽게 품고
풍토를 호흡하는 듯한 일상. 그런 삶의 방식이 어떻게
생겨나서 다음 세대로 이어져 왔는지 궁금했다. 내
몸속에 흐르는 '인간 이외의 시간'의 실마리를 꼭 찾고
싶었다.

이 여행은 물과 흙과 미생물이 엮어내는
발효라는 문화에서, 일본 특유의 토양에서 살아온
사람들의 기억을 찾아내고 캐내려는 시도다. 세상은
온통 콘크리트로 뒤덮여 있고, 신앙과 축제가
사라져버리고, 주변 풍경이 균질화되어버린 듯하다.

그런 세계에도 늘어났다 줄어들었다 하는 시간의 축,
눈과 귀로는 감지할 수 없는 미세한 기운을 알아채는
감성이 빚어낸 일상의 모습들과 문화가 남아 있다.

　단, 그 숨겨진 지층을 보려면, 인간이 지닌 감각의
해상도로는 다소 부친다. 훨씬 마이크로한 스케일로
살아가는 미생물들의 센서를 빌려보자. 그렇게
하면 차츰 보일 것이다. 여기저기서 솟아오르는 옛
기억의 속삭임과 새로운 생명의 나고 스러짐이.
그것은 할아버지가 볼 수 있었던, 밤바다를 비춘 별의
반짝임이다. 칠흑 같은 어둠 속에 떠오르는, 돌아가야
할 마음의 고향과 나아가야 할 목적지를 비추는
길잡이다.

이 책은 47도도부현(都道府縣)°의 발효문화를 둘러
본 여행기입니다. 지역마다 기본적으로 발효식품을 하
나씩 골라서, 만드는 현장을 기록했습니다. 선택 기준
은 다음 세 가지입니다.

• 발효식품의 종류가 겹치지 않을 것.

○ 일본 광역 지방공공단체의 총칭. 1도(都) 1도(道)
2부(府) 43현(縣)으로 되어 있다.(도都: 도쿄도, 도道:
홋카이도, 부: 교토부와 오사카부, 현: 그 외 43개 현)

- 역사적 배경과 연원을 밝히는 데 충실한 것.
- 주변 환경과 사람에 초점을 맞출 것.

술이나 간장 등은 어떤 도도부현에서나 흔히 만들지만, 눈물을 머금고 한 현에 한정했습니다.(술은 효고현, 간장은 가가와현 등) 또한 그 지방의 역사와 기후 풍토에 뿌리내려 온 것을 골랐습니다. 최근 들어 가끔 보게 되는, 유명 메이커에서 만들고 있는 듯한 것은 독특하더라도 다루지 않기로 하고, 몇 대에 걸쳐 만들고 그 지역사회에 여전히 회자되는 것에 비중을 두었습니다. 그리고 단순한 먹을거리나 레시피의 소개가 아니라, 그것을 길러낸 자연환경과 사람에게서 문화적 배경을 찾아내는 데 역점을 두었습니다.

그래서 이 책에는 한 번쯤 들은 적이 있는 대표적인 것뿐만 아니라 "이게 뭐지?" 하게 되는, 잘 모르는 로컬 발효식품이(그 지역 사람조차 모르는 것도) 등장합니다. 제게 이야기를 들려준 사람들도 다양합니다. 그 마을의 명망 있는 양조 업체를 비롯하여 거리의 상점에서 일하는사람, 수작업으로 공들여 만드는 데 능숙한 어머니에 이르기까지 여러 인물이 등장합니다. 이

가운데 특히 전통적인 제조방법에 가까운 발효식품을 골라 소개합니다.

재료도 만드는 법도 신비스러운 지역의 발효문화. 그것을 찾아가는 것만으로도 너무나 설레었습니다. 그 지역이 거쳐 온 역사와 사람들의 생활 방식과 자연환경까지 수백 년의 윤곽선이 떠오릅니다.

문헌과 고고학적 자료로 접근하는 것과는 다른, 발효식품이라는 '살아있는 것'으로부터 더듬어 가며 지역 문화의 가치를 재발견하게 될 것입니다.

덧붙여 이야기할 것 두 가지. 실제로 방문한 모든 현장의 이야기를 싣는 것은 여행기라는 이 책의 구성상 불가능했습니다. 본문에서 다루지 못한 발효식품들은 261~265쪽에 정리해 두었습니다. 이야기는 2018년 여름 끝자락에서 이듬해 봄에 걸쳐 시간순으로 흘러가지만, 읽기 쉽게 구성하려고 순서를 약간 바꾸기도 했습니다.

아이치현

스스카

다마리, 간장

한다

오카자키

식초

핫초미소

미에현

* 제 1 장 *

뿌리 깊은 미각의 원조

도카이東海 지방

지역에 뿌리내린 미각이라는 것이 있다. 다른 지역 사람이라면 "왜?"라며 신비롭게 여길 듯한 맛이 그 지역 사람들에게는 자연스럽게 스며들어 있다. 개인에 따라 호불호가 있다 해도 그것은 '모두가 익숙하고 친숙하다'는 대전제에 편승한, 대수롭지 않게 여길 수 있는 취향에 지나지 않는다. '지역에 뿌리내린 미각'이 두드러지게 나타나는 곳이 도카이(東海)° 지역이다.

° 혼슈(本州) 중앙부에 위치하고 태평양에 면한 지역. 일반적으로 아이치현(愛知縣), 기후현(岐阜縣), 미에현(三重縣), 시즈오카현(靜岡縣)을 가리킨다.

일본 발효문화를 둘러보는 여행의 출발은 여름 끝자락부터였다. 목적지는 감칠맛 나는 조미료를 담그는 현장이다. 여름에서 가을로 바뀌어 가는 이 시기는, 따뜻한 환경에서 활발하게 활동하던 미생물의 움직임이 차츰 적어지고 왕성한 발효가 '숙성'으로 바뀔 무렵이다. 여름 동안 생겨난 갖가지 성분이 가을에서 겨울에 걸쳐 서서히 하나로 모여들어, 여러 가지 풍미가 조화롭게 디자인되어 간다. 그 변화의 현장을 살펴보고 싶었다.

초여름에서 한여름에 걸쳐, 된장과 간장 양조장에 있는 나무통 안은 교실처럼 소란스럽다. 어린 미생물이 활발하게 움직이는 가운데 표면에 뭉게뭉게

피어오르던 기포가 터지는 소리는 마치 아이들이
재잘거리는 소리 같다. 여름 끝자락 무렵부터 그
웅성거림이 속삭임으로 바뀌고, 숙성된 미생물들이
뭔가 조심스럽게 움직이고 있는 듯하다. 이 숙성의
시기에, 그때까지 각기 멋대로 주장하던 맛과 향이
대화를 시작하여 같은 방향으로 나아간다. 기운
넘치던 각각의 것들이 힘을 모아가는 모습을 보이며
'사회적 존재'로 바뀌어 간다. 발효는 생성이다. 숙성은
조화다. 이 두 과정을 거쳐 비로소 깊이 있는 맛이
생겨난다.

　　이 감칠맛 있는 조미료의 깊은 세계. 일본 음식의
토대가 되는 된장과 간장 등은 곳곳에서 만들지만,
아이치현·기후현·미에현 등 도카이 3현에는 다른
지역과는 확연히 다른 '맛의 취향'이 있다. 어떤 것인가
하면, '과잉스러울 정도로 짙고 다채로운 변주(變奏)를
지닌 감칠맛'이라고 표현하고 싶다. 대표 격은
아이치현 오카자키(岡崎)의 명물 핫초미소(八丁味噌)다.

아이치현의 조카마치(城下町)° 오카자키에

○ 다이묘의 거점인 성을
중심으로 발달한 도시.

핫초(八帖)라는 지역이 있다. 국도 바로 옆, 전형적인 도시권 교외에 갑자기 나타나는 두 개의 커다란 양조장. 이곳만이 뚜렷하게 이질적인 아우라를 뿜고 있다. 옛 도카이도(東海道)를 사이에 두고 마주하면서 오래전부터 이어져 온 된장 양조장 가쿠큐(カクキュ一, 1645년 창업)와 마루야(まるや, 1337년 창업). 이 두 집이 에도시대부터 도쿠가와(德川) 집안이 특별히 선호하는 조미료를 만들던 핫초미소 문화를 이어오고 있다. 핫초마치(구 핫초무라)에서 만드는 된장이어서 핫초미소인 것이다.

공장 건물들이 이어져 있는 널따란 공간. 안에는 수많은 거대한 나무통이 늘어서 있다. 이채로운 것은 통 위에 피라미드 모양으로 쌓아 올린 돌이다. 약간 어둑한 건물 곳곳에 스며드는 빛이 몇십 개나 되는 통과 돌로 된 구조물을 비추는 모습은 고대 종교 유적을 보는 듯하다. 나무통 표면에는 원료의 종류와 제조번호가 적혀 있어, 발굴현장 같은 느낌을 더해준다. 다음 방으로 가면 거대한 나무통들이 또 나타난다. 그다음 방으로 가도 계속 나타나는 피라미드군. 조금 전까지 현대 사회에 있었는데 단

30분 만에 일상의 감각을 완전히 잃어버리고 만다. 사람 키를 아득히 넘어서는 듯한 시간이 정적(靜寂) 속에 서서히 감돌고 있다.

이 피라미드는 물론 신앙이나 예술이 아닌 실용적인 목적에서 생겨난 것이다. 된장을 맛있게 만들기 위해 통 안의 공기를 누름돌로 빼게끔 고안된° 것. 놀랍게도 오카자키에는 지금도 이렇게 피라미드 모양으로 돌 쌓는 기술을 갖춘 사람들이 있다.

핫초미소 양조장은 어딘지 일본다운 스케일을 벗어난 독특한 분위기를 풍긴다. 이건 어디서 온 걸까?

핫초미소는 일반적인 된장과 다른 방법으로 만든다. 혼슈(本州) 지역에 널리 보급되어 있는 된장은 이 책 서두에서 설명한 것과 같은, 쌀에 니혼코우지가비를 묻힌 '쌀누룩(米麴)'을 먼저 만들고 여기에 찐 콩과 소금을 섞어서 페이스트 상태로 발효시킨다. 이에 비해 핫초미소는 쌀을 사용하지 않고 찐 콩을 짓이겨서 주먹만 한 덩어리를 만들고, 여기에 곰팡이를 묻힌 '콩누룩(豆麴)'을 소금물과 섞어서 페이스트로 만든다. 일반적으로 '누룩의 종류가 다르다'라는 정도로 설명하지만 이렇게 만드는

° 무거운 돌로 눌러서 산소를 빼고 '혐기(嫌氣) 상태'로 하는 것으로, 고약한 냄새를 내는 잡균의 호기(好氣) 호흡을 할 수 없게 한다.

핫초미소 양조장 나무통 위에 피라미드 모양으로 쌓아올린 돌

방식이 다른 것은, 일찍이 대륙에서 건너온 감칠맛
나는 조미료가 일본의 풍토에서 나름의 발전을 이루게
된 전환점을 시사한다. 이 점이 흥미로운 것이다.

된장이든 간장이든 감칠맛 나는 조미료의 토대가
되는 것은 누룩이다. 누룩은 고대에 대륙에서 일본에
건너온 것으로 여겨진다. 그러나 대륙과 일본은
누룩을 만드는 미생물인 곰팡이의 종류가 다르다.
대륙의 곰팡이는 쿠모노스가비(クモノスガビ)나
케가비(ケガビ)라는, 니혼코우지가비와는 다른
계통의 곰팡이로, 강한 산을 내어 잡균을 막는 강력한

미생물이다. 대륙의 전통적인 누룩은 반 야외 같은 곳에서 만든다. 그에 비해 니혼코우지가비는 외적을 물리칠 듯한 강한 산을 낼 수 없는 섬세한 것이어서, 일본에서는 외부환경에서 격리된 누룩실(麴室)이라는 밀실*을 만들고 '밖에서 침입하는 적'인 잡균을 철저히 차단한 상태에서 누룩을 만들게 되었다. 결국 '누룩 만드는 과정'이 명확하게 분리 독립한 것이다. 다른 원료로 만들 때와는 다른 장소에서 다른 방법으로 누룩을 만든다.

정리해 보면, 대륙의 거친 누룩은 까다로운 잔손질을 거치지 않고 만들어진다. 그에 비해 일본의 섬세한 누룩은 잡균이 섞이지 않도록 독립된 장소에서 꼼꼼하게 보살핌을 받으며 만들어진다. 이 차이를 된장에 적용해 보면, 대륙의—예를 들면 한국의— 된장 등은, 누룩과 된장 만드는 과정이 완벽하게 이어져 있다. 거칠게 말하면, 누룩이 그대로 된장이 되어 간다. 그에 비해 일본에서 일반적인 쌀을 사용한 된장은 누룩 만들기와 된장 만들기 과정이 완벽하게 분리되어 있다. 미생물의 종류가 다르고 만드는 법이 달라 당연히 맛이 달라진다. 시로미소(白味噌)**가 전형적인 것으로, 깊이 숙성시키지 않아 담박하며

* 누룩곰팡이 겨자씨키모 최적의 온도와 습도를 조절할 수 있는 방. 삼나무로 만든 것이 많고, 환기 가능한 천창(天窓)이 있다.

** 일반적인 된장보다 숙성 기간이 짧고, 누룩 양이 대단히 많으며, 소금이 적다. 교토의 사이쿄 (西京) 미소처럼 과자에 쓸 정도로 단 것도 있다.

잡스러운 맛이 없다. 한시도 마음 놓을 새 없이 돌봐야
하는 응석꾸러기만큼이나 손이 많이 가는 일본형
누룩이 지닌 풍미의 특징을 잘 나타낸다.

　그리고 핫초미소. 이건 아무리 보아도 일본보다는
대륙 방식에 가깝다. 콩이 누룩이 되고 그것이 그대로
된장이 되어 간다. 시로미소같이 1~3개월에 완성하는
게 아니라, 2년이고 3년이고 천천히 숙성시켜
감칠맛과 묵직한 풍미를 지닌 것으로 마무리되어
간다. 핫초미소에는 일본의 일반적인 조미료에 없는
특징적인 맛이 있다. 쓴맛과 아린 맛이다. 쌀이나
보리의 누룩으로 만드는 된장은 감칠맛과 단맛과
짠맛을 내지만 쓴맛은 그리 두드러지지 않는다. 아린
맛이 나서는 안 되는 것일 게다. 그러나 핫초미소는
그 쓴맛과 아린 맛을 내세우며 '이것이 오카자키의
맛이다!'라고 당당하게 선언한다. 일본 된장, 말하자면
감칠맛을 내는 조미료 중에서도 정말 특이한 존재다.
　수퍼에서 파는 핫초미소는 대부분
'아카다시(赤だし)'라는 것으로, 쌀을 사용한 된장과
섞어서 먹기 좋게 한 것이다. 흥미가 있으면,
조합하지 않은 진짜 핫초미소를 꼭 찾아서 맛보기

바란다. 된장의 이미지를 뒤엎는 짙은 감칠맛(고쿠),
신맛과 쓴맛과 아린 맛이 섞여 빚어 내는 중후한
하모니야말로 대륙에서 유래한 깊은 맛이다.

　　일본에 전래된 최초의 된장은 콩된장이라고 한다.
그 어원은 '미쇼(未醬)'라 하며, 아직 히시오(醬)°가
되지 않은 것, 즉 충분히 숙성되지 않은 콩의 알갱이를
짓이겨서 먹는 반찬 같은 것이라는 이야기가 전해
온다. 대륙에는 된장을 국물에 풀어 먹는 문화가
없으므로, 처음에는 건강식품으로 사찰 등에서
귀하게 여겨졌을 것이다. 달리 말하면, 먹기 쉬운 맛은
아니었다는 것이다.(야채즙 같은) 후대로 갈수록 일본식
누룩 만드는 공정이 발전하고, 감칠맛과 단맛 등이
더해져 현재의 된장 문화가 되었을 것이다. 그러나
핫초미소는 진화의 갈래를 거치지 않고 대륙적인
미각을 간직하는 '노아의 방주' 같은 존재가 되었다.
그리고 오카자키를 비롯하여 도카이 지역에 사는
남녀노소의 '로컬한 미각의 기준점'으로 오늘까지
살아있다. 결국 이 지역 사람들에게 된장국의
원풍경은 핫초미소의 맛인 것이다.

°된장·간장의 원형.

수백 년간 변치 않는 모습으로 오카자키의 역사를 지켜봐 온 두 양조장은 보호되어야 할 '유산'이 아니라 매일같이 사람들이 그곳에서 일하고, 제품을 만들고, 지역경제의 활력이 되는 현재진행형 장소로 존재한다. 핫초미소를 만드는 것은 몇백 년이고 전해져 온 미각을 이어받는 것이고, 타 지역과 다른 맛을 계속 지켜내는 것은 오카자키의 로컬리티를 이어가고 발전시키는 것이다. 이 두 채의 된장 양조장에는 중세부터 근대에 이르기까지 오카자키가 걸어온 역사가 아로새겨져 있다.

　　한 예를 들어보자. 이 지역에서 핫초미소 전도사로 알려진 마루야의 아사이(淺井) 사장을 만났을 때 일이다. 양조장 안에서 오래된 두루마리를 가지고 와서는 "우리는 메이지시대 이전에는 이 고장의 무사 집안에 금을 빌려주고 있었습니다."라며 펼쳐 보인다.

　　확실히 거기에는 "어느 어느 집에 얼마를 빌려주었다."라고 쓰여 있다. 숙성하는 데 시간이 걸리는 양조장은 제품을 담그기 시작하고서부터 완성된 제품을 출하하여 돈으로 바꾸기까지 몇 년이나 걸린다. 요컨대 자금을 모으고 운용하는 기능이 필요한 것이다. 근대적인 금융 시스템이 갖춰지기 전 일본에서는 상품을 만들기 위해 자본을 축적해야 했던 양조장이 모여진 자본 운용 때문에 지역 금융 서비스를 떠안았다. 이런 사례가 오카자키뿐만 아니라 전국 곳곳에서 나타났다.

이런 현상을 더 깊이 살펴보면, 양조장은 그 지역 유력자의 고객 데이터베이스를 갖고 있는 셈이다. 일 년에 몇 번이고 상품을 주고받고 돈을 빌려주기도 한다. 그리하면 최근 어느 집이 행세깨나 하는지 혹은 몰락해 가는지 등을 장부에서 알 수 있게 된다. 조금 전에 나는 "이 지역 역사가 아로새겨져 있다."라고 했다. 이는 박물관에서 전시 형태로 볼 수 있는 것보다 훨씬 생생하고 냉혹한 현실의 경제 행위들이 켜켜이 쌓인 가운데 새겨져 온 역사다. 물론 금을 빌려주는 쪽의 양조장도 늘 안정적이었던 것은 아니다. 중세에서 근세로 향하는 시대의 변천 속에서, 가쿠큐도 마루야도 몇 번이나 파산 위기에 직면했다. 그러나 한 집이 위기에 몰리면 다른 한 집이 돕는 식으로 서로 지원해주어 두 미소 양조장은 에도시대의 식량 위기와 메이지유신, 그리고 20세기 이후 큰 전쟁의 격변을 살아남았다. 가쿠큐나 마루야, 어느 쪽이든 한 집만 있었다면 핫초미소

문화는 단절되어 버렸을지도 모른다. 이 두 집은
동업하는 라이벌이면서 수백 년 역사를 함께 달려온
파트너이기도 하다.

　　두 미소 양조장 주인과 옛 도카이도를 걸었다.
"두 미소 양조장 사이의 이 길은, 서로의 양조장에
서식하는 미생물의 경계선이 아닌가 합니다."
　　마루야 주인이 불쑥 말했다. 어쩌면 미생물도
인간과 마찬가지로 서로의 영역을 지키면서 때로는
길에 나와 세상 돌아가는 이야기를 나누거나 상의하는
게 아닐까. 5미터가 채 안 되는 이 도로 폭은 핫초미소
문화와 미생물들이 서로 도우며 나뉘어 사는 데 딱
알맞은 크기일지도 모른다.
　　구 도카이도에 나란히 서 있는 두 미소 양조장은
시대적 대세에 맞서는 듯한 미각의 로컬리티를
오카자키에 남겨두었다.

　　역사는 늘 불특정 다수가 이끄는 쪽으로
똑바로 진화해 간다. 그런 선입관을 뒤엎는 것이
핫초미소와 도카이 지방의 특이한 미각의 가늠자다.
다른 사람이 나아간 길에 등을 돌리고, 다른 사람이

싫어하는 것을 오히려 장점으로 삼아 자신들의
정체성을 이데올로기가 아니라 생활 관습이나
감각으로 체화시켜 간다. 그렇다! 미각은 감성의
영역에서 '민족의 기억'을 보존하는 방주다. 그 미각의
배후에 '토지(지역)의 기원'이 아카이브되어 있다.
미소시루(된장국)를 먹는 행위는 그 지역 역사를 몸에
받아들여, 앞서 그 지역에 살아온 사람들과의 유대의
끈을 확인하는 행위라 할 수 있지 않을까?

　　도카이 지방의 음식 문화는 누룩이 만들어내는
감칠맛의 변주가 극한에 이르게 하는 도전이다.
핫초미소를 비롯하여 콩의 누룩을 사용한 콩된장에서
파생한 것이 '다마리'라는 액체 조미료다. 된장이
점점 숙성해 감에 따라 스며 나오는 감칠맛이 농축된
액체는 된장의 부산물이었지만 점차 된장과 별개의
조미료로 쓰이게 되었다. 미에현 스즈시카(鈴鹿)의
이세(伊勢) 만 연안에 있는, 3백 년 넘는 역사를 지닌
도카이(東海) 양조를 방문하니 이 지역 감칠맛 문화의
참맛을 느낄 수 있었다.

"된장이 점점 숙성되면 액체 부분이 분리됩니다. 이렇게 웃물처럼 생겨난 것이죠. 대개는 완성된 된장에 섞지만 저희는 따로 다마리로 팝니다. 고형분 된장보다 액체인 다마리 쪽이 감칠맛이 농축되어 있으니까요."

도카이 양조 주인 모토지(本地) 씨는 말한다. 호리호리한 몸매에 셔츠 차림의, 옷맵시가 세련된 신사다.

비교적 조촐한 규모의 이 양조장은 자못 '거리의 양조장' 같은 분위기다. 주로 만드는 것은 핫초미소와 같은 범주의 콩된장과 그 부산물인 다마리다.

한편, 도카이 양조의 콩된장을 유심히 살펴보면 아이치현 오카자키와는 다른 지역적 특성이 있다. 핫초미소에서는 된장 표면이 공기에 닿아서 잡균이 들어오는 것을 막기 위해 피라미드 모양으로 무거운 돌을 쌓아 올리는데, 도카이 양조의 경우는 드문드문 돌을 쌓는다. 그렇게 하면 돌과 돌 사이의 숙성 중인 된장 표면에 산막(産膜)효모라는, 하얀 곰팡이 같은 뿌연 것이 빽빽하게 생겨난다.* 이것은 일종의 효모가 산소를 빨아들이며 증식하여 거대한 덩어리를 만든 상태다.

• 산막효모는 호기성(好氣性),
내염성(耐鹽性)이 있어, 공기와
접촉하는 표면에 발생한다.

콩된장 표면에서 자라는 미생물(도카이 양조)

효모는 일반적으로 산소가 없는 상태(혐기嫌氣
상태)에서 알콜과 가스, 향기 성분을 생성하는
미생물이라 생각되지만, 산소가 있는 상태(호기好氣
상태)에서 동물처럼 호흡하며 활동하는 것을
좋아하는 것도 있다. 이런 산막효모가 〈바람계곡의
나우시카(風の谷のナウシカ)〉에 등장하는 썩은
바다(腐海) 같은 미생물의 넓디넓은 막을 만들면,
그것이 잡균의 침입을 막는 장벽 같은 역할을 할
것이다.

일반적인 된장과 간장을 만들 때는 풍미를
잃게 하는 호기(好氣) 호흡을 기피하지만, 도카이
양조에서는 이 호흡을 좋아하는 미생물이 친숙하게
다루어진다. 깊이 숙성된 향이 두드러진 핫초미소와
달리 도카이 양조의 된장과 다마리에서는 약간 과일
향이 나며 향긋한 풍미가 느껴진다. 여기에는 오케(통)

표면에 대한 접근 방식의 차이도 한몫할 것이다. 이
과일 향 나는 풍미는—된장은 물론이지만—거기서
스며 나오는 다마리에 농축되어 간다.

다행히도 장 담그는 통에서 다마리를 내보내는
순간을 볼 수 있었다. 꼭지를 틀자 조금씩 쫄쫄
흘러나온다. 광택 나는 검은 액체. 조금 지나자
폭포수처럼 쏟아져나와 눈 깜짝할 사이에 용기 안이
검은 바다가 된다. 그 해면에서 통 표면에 감도는 발효
향이 맹렬히 솟아 나와, 나도 모르게 배에서 꼬르륵
소리가 난다.

겨울의 세찬 돌풍으로 알려진 이세 만. 가을에
접어들 무렵 이곳의 바람은 온화했다. 맑은 날에는

다마리를 내보내는 순간(도카이 양조)

맞은편 치다(知多) 반도가 뚜렷이 보인다. 나가노에서
히다(飛驒)를 지나는 기소강(木曾川)이 바다로 흘러드는
곳이고, 일찍이 호수였던 흔적으로 입구가 좁은
이세 만에는 민물의 영양분이 풍부하다. 여기서
잡는 붕장어와 전복, 굴과 새우 등 어패류에는
감칠맛 나는 조미료가 잘 어울린다. 식자재 자체의
감칠맛에 조미료의 감칠맛까지 더해가는 것이다.
이 '감칠맛의 덧셈'은, 뺄셈의 미학에 바탕을 둔
교토의 맛과, 단순하고 진한 맛의 간토 지역의 맛과는
다른 독자적인 미학이다. 모토지 씨를 따라 가본
음식점에서 붕장어 계란말이를 먹어보았다. 제대로
낸 다시마 육수와 미린으로 맛을 낸 계란에, 다마리로
맛을 낸 붕장어를 돌돌 만다. 짭짤한 맛과 단맛과 깊은
감칠맛이 모두 나타난다. '덧셈의 극치'라 할 만큼
강렬하게 느껴지는 감칠맛의 향연에, 도쿄에서 자란
내 미각 센서는 극도로 혼란스러워졌다.

　　가게를 나와서 이세 만을 따라 걷는다. 맛있는
어패류 냄새가 감돈다. 이세 만은 360도 전방위에서
집요하게 미각을 자극해오며 나를 어쩔 줄 모르게
하는 곳이다.

미각에는 지역성이 있는 게 아닐까? 전국 곳곳을 돌아다니며 하나의 가설을 세워보았다. 일본에는 크게 나누어 미각의 세 가지 원형(原型)이 있다. 교토 귀족의 미각, 에도 상인의 미각 그리고 나고야 무가(武家)의 미각이다. 이것은 긴키(近畿) 지방과 간토(關東) 지방과 도카이 지방 음식에 대한 미의식의 경향에 나름 맞아떨어진다. 교토 귀족의 미각은, 육수를 잘 사용하여 강한 짠맛이나 감칠맛에 의존하지 않는 담박한 맛의 아름다움이다. 음미한 식자재를 천천히 시간을 들여 조리해 간다. 에도 상인의 미각은 그 반대편에 있다. 가볍게 낸 육수에 짠맛이 강한 진한 간장을, 가볍게 조리해서 쉽게 먹을 수 있는 스시나 메밀 등 패스트푸드와 곁들인다. 손이 많이 가고 담백하며 귀족적인 요리와 대비되는, 간편하게 빨리 내놓을 수 있고 맛이 진한 요리다.

　　그리고 제3의 자객(刺客)과 같은 것이, 생각할 수 있는 미각을 전부 모아서 공격해 오는 나고야 무가의 맛이다. 이것은 감칠맛으로 무장한 병사들이고, 물량으로 밀고 들어오며 때로는 폭력적이기까지 한

독자적인 범주의 미의식이다. 깊은 감칠맛 덩어리인
핫초미소가 기마병으로 돌격하며, 이어지는 다마리의
중갑보병이 적(누가 적인지 모르지만)을 휩쓸어
넘어뜨리고, 사격병 미린*이 쏜 단맛의 탄환이 불을
뿜고, 시로쇼유**가 별동대로서 전쟁터를 교란시킨다.
간소한 것은 패배를 뜻한다. 모든 전력을 아낌없이
투입하여 철저하게 미각을 정복한다. 이 강함과
중후함은 가벼움이 본연의 맛을 이루는 에도의 미의식
속에 자란 나에게는 충격이었다.

　　'아, 너무 과한 맛이야…! 하지만 일단 익숙해지면
안 먹고는 배길 수 없는 건 왜일까?'

　　도카이 지역의 주도(主都) 나고야의 음식이라
하면 'B급 구루메'가 떠오르지만, 미카(三河)와
치다(知多) 등 아이치현의 지역들 혹은 기후현과
미에현에는 독자적인 조미료를 마음껏 사용하는
나이스한 레시피가 많다. 앞서 말한 계란말이처럼,
센스있는 요리사가 만드는 도카이 지역 특유의 향토
요리에는 다른 지역에서는 결코 흉내 낼 수 없는
풍부함이 있다. 여기에는 교토의 맛도 에도의 맛도
아닌, 그렇다고 시골의 맛도 아닌 제3의 카테고리라는

• 간단히 말하면 맛을 내기 쉬운 소주로 담그
는 감주. 단맛와 알콜을 첨가한 미린풍
조미료는 미린과는 전혀 다른 것이다.

•• 아이치현을 중심으로 생산
한다. 보리를 주원료로 만들
며, 가볍고 담백한 색의 간장.

가능성이 잠재해 있다.

그리고 이 미각의 특이성을 지키고 있는 것이 도카이 지역 곳곳에서 활기차게 조업하고 있는 양조장이다. 고도경제성장기 이후, 지방에서는 간장과 된장 업체들이 공동 설립한 대규모 생산공장에서 일괄생산한 다음 각자 맛을 조정하여 출하하는 '조합 방식'에 따라 자사에서 양조를 하지 않게 되었다.(오늘날에는 조합 방식조차 사라진 지역도 있다.) 그러나 도카이 지역에는 각 양조장이 옛날부터 내려오는 제조 설비를 유지하며 자사에서 모든 생산 공정을 관리하는 곳이 많다. 맛의 자립성도, 양조장의 자립성도 대단히 높다.

다양성을 잃어가는 조미료의 세계에서 온갖 풍미가 한데 모인 감칠맛의 주도(主都). 현대적인 미각이 아무리 공격해 들어와도 결코 무너질 수 없는 철벽의 아성이 바로 이곳 도카이 지역인 것이다.

다채로운
발효기술과
그 쓰임새

인간에게 도움이 되는 미생물의 움직임

소금 뿌린 삶은 콩과 된장. 매일 먹고 싶은 것은 어느 쪽일까요?

물론 된장이죠!

하지만 둘 다 원료는 같습니다. 다른 것은 '미생물이 움직이고 있느냐 아니냐'. 콩에 누룩균이나 유산균, 효모 등의 발효균들이 들러붙어 단백질과 전분 등을 분해함으로써 된장 특유의 감칠맛과 산미(酸味)와 향이 납니다. 역으로, 인간에게 유해한 균이 들러붙어 버리면 콩의 영양분을 나쁜 물질로 분해합니다. 이렇게 된 콩은 악취를 내며, 잘못 먹으면 배탈이 나버립니다. 이것이 발효의 반대인 '부패'입니다.

발효도 부패도 미생물의 작용이라는 점에서는 같습니다. 인간에게 도움이 되는 미생물들이 작용하면 '발효', 유해한 미생물들이 작용하면 '부패'가 되는 것입니다.

누룩, 일본 특유의 발효문화

일본 음식 특유의 감칠맛과 달콤새콤한 맛의 토대가 되는 독특한 곰팡이 누룩균. 벼에 잘 들러붙어 살며, 독이 없고 사람에게 친밀한 이 곰팡이는 일본의 벼농사 문화와 궁합이 잘 맞는지, 발효의 토대가 되는 중요한 미생물로 소중히 여겨져 왔습니다. 이 곰팡이의 특징은 이렇습니다.

- 특징적인 감칠맛을 만들어 준다.
- 부드럽고 순한 단맛을 만들어 준다.
- 다른 발효균을 불러들이는 매개가 된다.

세 번째 것을 보충 설명하자면, 누룩균이 만들어내는 영양소는 인간은 물론 다른 발효균에도 맛있는 먹을거리가 됩니다. 누룩균이 발효시킨 식재료는 유산균이나 효모, 초산균 등이 살기 쉬운 환경이 되어, 순차적으로 발효가 일어납니다. 그래서 단순한 원료에서 복잡한 맛이 생겨나는 것이지요.

무엇보다 '누룩균'은 발효작용을 이끌어내는 니혼코오지가비를, '누룩'은 곡물에 누룩균이 들러붙어 몽글몽글 발효한 식자재를 가리킵니다.

조미료, 쓰케모노, 술

발효로 만들어지는 대표적인 음식을 소개합니다.

조미료

매일 식탁에 빠질 수 없는 것이 조미료. 누룩을 스타터로 해서 콩과 쌀 등을 발효시킵니다. 누룩과 곡물을 섞어서 덩어리 형태로 발효시킨 것이 된장. 액체로 발효시킨 것이 간장. 술에 초산균을 넣은 것이 식초. 물 대신 소주로 담근 단술이 미린. 생선을 소금에 절여 흐물흐물해질 때까지 발효시킨 어장(魚醬) 같은 것도 있습니다.

쓰케모노

식재료를 쓰케도코(漬け床)°에 담가 숙성시키는, 보존식품의 대표적인 것이 쓰케모노입니다. 바탕 재료로는 소금을 비롯하여 누룩과 술지게미 등이 많이 쓰입니다.

차조기와 가지로 만드는 교토의 시바쓰케가 소금절임의 대표적인 예입니다. 누룩과 쌀과 소금을 섞어서 부드러운 쓰케모노를 만드는 사고하치(三五八)°°는 누룩절임 가운데 손꼽히는 것이며, 제철에 난 채소를 술지게미에 몇 년이고 담가 놓는 나라쓰케는 술지게미 절임의 대표적인 예입니다. 채소가 아닌 어패류를 소금에 절인 것이 도야마의 구로즈쿠리·오이타(大分)의 우루카 등 젓갈이고, 고등어나 붕어 등의 물고기를 밥과 함께 절인 것이 나레즈시입니다.

○ 쓰케모노를 만드는 데 사용하는 겨, 된장 등의 재료. 발효 등의 작용으로 쓰케모노의 재료에 향과 감칠맛을 더한다. 쌀겨를 재료로 한 누카도코가 대표적이다.

○○ 소금 3, 누룩 5, 찹쌀 8의 비율로 담근 것.

술

효모가 당분을 빨아들이고 만드는 알콜을 가두어 둔 액체가 술인데, 세계 각지의 다양한 술이 모두 발효식품입니다. 대표적인 것이 포도의 당분으로 만드는 와인. 그에 비해 니혼슈는 좀 복잡합니다. 우선 누룩균이 쌀의 전분을 당분으로 변화시키고, 효모가 당분을 빨아들이게 해서 알콜로 바꾸는 식으로 만듭니다. 와인을 증류하면 브랜디, 니혼슈를 증류하면 소주가 됩니다.

쓰지시바쓰케

교토부

오하라 지구

돈다쓰케

셋쓰

모리구치

모리구치즈케

오사카부

긴잔지 미소

유아사

와카야마현

제 2 장

시·공간을 벗어난 듯한 에어포켓

긴키近畿 지방

가을로 접어드는 무렵. 여름 기운이 사라져가는 이 계절은 신비로운 분위기가 감돈다. 콘서트에서 오케스트라가 악기 소리를 조율하는 순간, 제각각이고 무질서한 음소(音素)가 서서히 한 점으로 모여드는 듯한 허탈감과 긴장감이 뒤섞인 공기. 9월에서 10월에 걸친 이 시기를 고대 중국에서는 '새[酉]'의 계절이라고 불렀다. 서쪽(西, 酉)에서 철새가 날아오는 시기인 동시에 곡물이 익어가는 수확의 시기며, 거둬들인 곡물로 술을 담그는 계절이다. 여름의 성장이 멈추고 열매를 거둬들이는 시기이며, 생명이 끊어지는 겨울에 대비하는 때이기도 하다.

고대 중국인들은 철새를 고향으로 갔다가 돌아오는 조상의 영혼으로 여겼다. 조상이 돌아올 무렵 수확하는 곡물을 담는 항아리 형상이 '유(酉)'라는 문자의 기원이며, '유(酉)'라는 항아리에 액체를 가득 채운 것을 '주(酒)', 고형물을 잘게 썰어서 눌러 담은 것을 '장(醬)'이라고 했다. 항아리에 담근 식재료가 부글부글 거품을 내며 끓어오르는 모습을 '양(釀)'이라 하는데, 그것은 '유(酉)'라는 모양의 관 속에 장사 지낸 죽은 이의 흰옷에 주술적인 물건을 채워 넣어 죽은 이의 가슴이 부풀어 오르는 모습을 뜻했다고 한다.•

• 한자의 기원에 대해서는 한문학자이며 동양학자인 시라 카와 시즈카(白川靜, 1910~2006)의 저작 들을 참고. '발효 고대한자(醱酵古代漢字)'의 세계도 깊이 탐구하고 싶다.

● ☆ 43

혼은 죽은 육체를 빠져나와 새가 되어 서쪽으로
날아오르고, 곡물(=생명)이 열매 맺는 무렵 동쪽으로
돌아온다. '유(酉)'는 생명 재생의 스위치를 넣는 계절,
즉 생과 사의 갈림길에 있는 경계의 계절이다.

　　도카이에서 서쪽으로 향하는 도중, 지독한 열과
오한에 시달렸다. 몸을 일으키기만 해도 어지럽고
머리가 지끈거렸으며, 걷기만 해도 식은땀이 마냥
흘러내리는 가운데 여행을 계속했다. 담그는 시기를
미리 살펴보고 일정을 짜두었기에, 몸 상태 때문에
타이밍을 피해갈 수는 없다. 미생물은 인간의 형편을
아랑곳하지 않고 제 갈 길을 갈 뿐이다.

　　긴키 지방에서 먼저 향한 곳은 와카야마현
유아사(湯淺). 구마노 고도(熊野古道)의
슈쿠바마치(宿場町)°로 번성하여, 양조문화와도
깊은 인연이 있는 오래된 가도(街道) 연변 마을이다.
오사카에서 JR 기세이 본선(紀勢本線)으로 갈아타고
남쪽으로 향한다. 쇼와시대에 머무는 듯한 시골
역을 나서 유아사 구시가로 향하니, 시간이 중세에
멈춘 듯한 거리가 나온다. 납작한 돌이 깔린 좁은
길가로 오래된 집들이 늘어서 있고, 곳곳에 절집
문이 빼꼼 열려 있다. 멀리서 희미한 향이 느껴지는,

° 역참을 중심으로 발달한 도시.

유아사 만에서 불어오는 바닷바람 머금은 안개가 비
그친 가로(街路)에 주욱 뻗치고, 학교에서 돌아오는
아이들이 노란 우산을 흔들어대며 담뱃가게와
화과자집 앞을 지나간다. 도몬켄(土門拳, 1909~1990)°의
사진 같은 세계의 한쪽에, 긴잔지(金山寺) 미소를 파는
오래된 가게 오오타큐스케긴세이(太田久助吟製)의
양조장이 있다. 노렌°°을 젖히고 들어가서는 아무도
없는 약간 어두운 현관 입구에서 "실례합니다."라며
신열에 절은 목소리를 쥐어 짜내다시피 했다.

긴잔지 미소

각지의 발효문화를 찾아 다니다 보면, 갑자기
시간과 공간의 에어포켓에 들어간 듯한 경험을 하곤
한다. 교외 도로변에서 골목으로 한 발 들어서니 하얀
회반죽과 거무스름한 삼나무로 된 벽으로 둘러싸인

° 일본의 대표적인 사진가. 대
표작으로 불후의 명작 사진집
『고사순례(古寺巡礼)』가 있다.

°° 일본 상점 입구나 건물 출
입구에 치는 천이나 깃발.
상호나 문양을 새겨놓는다.

귀퉁이로 갑자기 빠져든다. 늘어선 것은 창호(窓戶)
가게, 얼음집, 화과잣집과 포목점 등 무엇이든 집으로
배달시킬 수 있는 21세기의 세계와는 동떨어진
고풍스러운 상가들. 그런 이채로운 공간에서도 단연
돋보이는 것이 양조장이다.

　　오랜 역사를 간직한 시가지를 걷고 있으면,
곳에서 신사가 있는 언저리나 하천이 만나는 곳,
옛 가도(街道)의 요충지 등 멋진 곳이라고 생각되며
볕과 바람이 잘 드는 장소에는 반드시라고 해도
좋을 정도로 양조장이 있다. 담그는 데 쓰는 맑은
물이 솟아나고, 부패를 일으키는 공기가 가라앉아
있지 않으며, 만든 상품을 곧바로 배나 짐차로 나를
수 있도록 교통편이 대단히 편리한 입지조건을
갖춘 곳이 그 지역의 대표적인 얼굴이 되는 양조
업체다. 오카자키에 있는 핫초미소 두 집의 경우에서
살펴보았듯이, 일찍이 양조업은 그 지역 경제의 기반
산업이었다. 따라서 당시 가장 좋은 땅에 부지를
마련하고, 백 년이고 2백 년이고 그 지역을 대표하는
얼굴로 존재했다가 마침내 마을의 기억을 보존하는
장소가 된다.

　　게다가 양조장은 쉽게 이사할 수 없고, 건물을

다시 세우기도 어렵다. 제품 특성을 빚어내는 미생물의 생태계•가 변해버리는 것이 두렵기 때문이다. 따라서 오래된 건물을 조금씩 개조하거나 증축해 가며, 후대로 갈수록 여러 시대의 건축양식이 선명히 드러난다. 헛간에는 제조 공정이 자동화되기 이전의 도구가 남아 있고, 제조 및 출하 관리와 납세용으로 쓰던 장부가 당시 산업과 일상생활을 전해주는 중요한 자료가 된다. 그런 의미에서 양조장은 '살아있는 박물관'이며 현대인의 감각으로는 느낄 수 없을 정도로 긴 시간이 축적되어 '발전과 쇠퇴의 흔적이 아로새겨진' 특이한 장소다. 콘크리트 아래 감춰진 층이 모습을 드러내는 것이다.

유아사의 오오타큐스케긴세이도 그런 이채로운 공간으로서 대표적인 곳이다. 입구에 들어선 순간 공기 흐름이 확연히 다르다. 쥐죽은 듯 조용한 안쪽으로 곡물을 찌는 향긋한 김이 솟아오른다.

"여기서부터 누룩 만드는 곳입니다. 들어오세요."

안쪽에서 나를 부른다. 햇살이 드는 반 야외의 안뜰 같은 곳에서 검은 니트 모자 쓴 티셔츠 차림의 노부부가 분주하게 작업을 한다. 막 쪄낸 재료를

• 어떤 환경에서 다양한 미생물들이 사회를 만들고 있다. 생물학에서는 마이크로바이옴이라고 한다. 기후와 장소의 특성마다 미생물의 생태계가 다르다.

누룩실로 옮겨서, 김이 올라오는 곡물 덩어리를
손으로 뜯어 작은 알갱이로 부순다. 어느 정도 온도가
내려가므로 이제부터 누룩의 다네쓰케(種つけ)•를
하는 것이라 한다.

"누룩은 무엇을 재료로 하나요?"

"저희는 쌀과 보리와 콩을 전부 섞어서 씁니다."

저런! 일반적으로 된장은 쌀, 보리, 콩의 어느
한 종류를 원료로 누룩을 만든다. 섞더라도 두
종류까지(간장은 콩과 보리 두 종류를 혼합). 세 가지를
전부 섞는 누룩은 처음 본다.

대체 긴잔지 미소란 어떤 것일까? 3종 혼합
누룩을 쓰케도코로 하여, 소금에 절여 둔 가지와
외, 생강 등 여름 채소를 통에 넣고 시소 등 양념을
한 뒤 3~4개월 발효시키면 된장이 된다. 간략하게
이야기했지만, 사실 '된장과 쓰케모노의 중간' 같은
거라고 한다. 더 정확히 말하면 쓰케도코째로 먹는
누룩의 채소절임이랄까? '미소'라는 이름이 붙어
있지만 기존 범주로 분류할 수 없는 긴잔지 미소.
기원이 어떻게 되는지 주인장께 물어보았다.

"8백 년쯤 전에 중국에서 수행(修行)하던
호토(法燈) 국사가 일본에 가져온 발효식품이라고

• 발효의 스타터가 되는 곰팡이의 포자를 재료
의 뿌리는 작업. 나중에 사용가 만드는 수분이 갸루를
그 가루를 뿌리는 영상물 본 적이 있을 것이다.

합니다. 중국 장의 일종인 쟌사이(醬菜, 된장에 절인 채소)의 흔적이겠지요.”

과연 이것은 미소라기보다는 대륙식 장의 계보에 속하는 것이다. 조미료와 반찬으로 나뉘기 전, 발효의 감칠맛이 켜켜이 쌓인 음식 곧 장으로, 유아사 지역에서 밥 친구로 귀중하게 여겨진 것이다. 오카자키의 핫초미소에서는 ‘누룩과 된장이 분리되지 않는’ 대륙 문화의 흔적을 보았지만 긴잔지 미소에서는 ‘된장(조미료)과 쓰케모노(식자재)의 불분리’라는 원형적인 것을 만났다.

생물 진화의 역사는 나무가 하나의 줄기에서 무수히 많은 가지로 나뉘어 가는 ‘계통수(系統樹) 모델’로 나타낼 수 있다. 인간의 가지에서 줄기 쪽으로 더듬어 가면 원숭이에서 쥐(포유류) 그리고 도마뱀 같은 파충류, 나아가 물에서 사는 어류의 조상으로 거슬러 간다.

이 과정에서 인류는 호흡기관과 골격, 체온 유지 장치 등을 갖추어 왔다. 그러나 무수히 나뉘는 지점에서 인류와는 다른 진화의 길을 걸어 물속에 머물러 사는 생물, 겨울잠을 잠으로써 생존하는 동물들, 하늘에서의 생활을 택한 생명들이 존재하는 것이다.

"어, 대체 무슨 이야기를 하는 거지?"

물론 발효문화 이야기를 하는 것이다. 긴잔지
미소란 일본 양조문화에서 분기점을 이루는 최초의
발효 산물 중 하나라 할 수 있다. 오른쪽으로 가지를
뻗으면 된장 즉 감칠맛 나는 조미료, 왼쪽으로
가지를 뻗으면 감칠맛을 살린 절임이 된다. 그리고
된장 쪽으로 나아가면 누룩의 변주에 의해 나뉘며,
더 나아가 그 끝인 핫초미소에 이르러 그 부산물인
다마리 같은 고형분에서 액체가 나뉘기도 한다.

개구리가 수중생물이면서 육상생물이기도 한
것처럼, 연어가 민물과 바다에서 사는 것처럼 진화의
분기점을 쥐고 있는 존재는, 응당 나뉘었을 것이
분리되지 않은 상태로 있다. 거기에는 가능성의 싹이
담겨 있다. 다양한 가지에서 다양한 열매를 맺어온
일본 양조문화 진화사의 줄기에 해당하는 것이 긴잔지
미소다. 대륙에서 전해온 문화가 변용된 역사를
이미지화하면서 먹는 '긴잔지 미소 덮밥'은 달고
감칠맛 나고 약간 쓴맛이 나면서, 실로 깊은 맛이 있다.

잣. 잣. 잣. 갓 삶은 곡물을 손가락으로 흩는 소리.
자~ 자~ 자~. 채소와 용기를 씻는 물 소리.
대앵~. 골목 안에서 울리는 절의 종소리.
양조장 작은 창으로 스며드는 빛 속에서
미생물들이 활발하게 움직인다.

양조장은 시간과 공간이 늘어났다 줄어들었다
하는 이색적인 곳이다. 현장에서 듣는 에피소드 또한
시공을 일그러뜨리는 스케일을 지닌다. 거리의 작은
공장에서 긴잔지 미소를 만드는 아버지로부터 8백 년
전 대륙과 일본을 잇는 동아시아 무대의 에피소드가
매우 자연스레 이야기된다. 눈에 보이지 않지만
양조장에 가득한 미생물 대부분은 인류가 태어나기
전, 말하자면 포유류보다 아득히 오랜 옛날에 태어난,
무시무시할 정도로 오랜 타임 스케일로 존재하는
것이다.

열이 나서 몽롱한 가운데 이런 '시공의
에어포켓'에 들어가 버리니 마치 지금이 8백 년 전인
듯하며, 몇백 년이나 살았다가 죽었다가…를 무수히

반복해온 미생물이 된 느낌이다. 순간과 동시에
영원을 사는 듯한 기묘한 감각이다.

　　양조장을 나서니 사위는 어둑해졌다. 어쨌든
역으로 가야 한다…고 생각은 해도, 왔던 길이
생각나지 않는다. 구시가지에서 구마노(熊野) 옛길로
길을 잘못 든 것 같았다. 아무도 없는 어두운 길에
깜빡이는 불이 보인다. 그 길을 따라 나아가서 다다른
것은 이 세상과 저세상의 경계를 이루는 세계.
살아있는 자와 죽은 자, 꿈과 현실의 경계가 녹아든
듯한, 수백 년 땅의 역사와 미생물이 지닌 짧은 생명의
시간이 겹치는 듯한 불가사의한 길을 걷고 있었다.
조금 전까지 있던 저 양조장은, 부드럽게 미소 짓고
있던 부부는 실제로는 존재하지 않는 것은 아닐까?
쓰게 요시하루(つげ義春, 1937~)의 만화처럼 묘하게
생생하면서도 전혀 현실감 없는 몽환의 세계로
빠져드는 데는, 이 현대에서도 골목 하나 안으로
들어선 것만으로 충분할 때가 있다.

　　서쪽에서 가을 밤바람이 불어온다. 걷는 만큼
발을 내딛는 몸의 무게가 사라지고 거리의 불빛이

멀어져 간다. 저물어가는 석양을 따라가듯이 새
그림자가 하늘을 가르고, 갈라진 허공에서 밤의
장막이 스르륵 내려왔다.

✳

어찌어찌해서 오사카역에 다다랐지만 열이
심하다. 게다가 식욕이 없어 며칠간 거의 식사를 하지
못한 게 화근이 됐는지 위가 견딜 수 없게 아파 왔다.
교토 방면으로 갈아타려 했을 때, 속이 몹시 메슥거려
화장실에서 위액까지 토해내고 말았다. 뭔가 먹지
않으면 쓰러질 텐데 음식이 전혀 당기지 않는다.
'더는 안 되겠다, 인생 막다른 데까지 왔다…!'라고
생각하며 고개를 드니 웬걸, 오차즈케 파는 곳이
있었다. 이거야말로 신의 뜻이다. 극도로 위가 약해져
괴롭던 터에 오차즈케라는 완벽한 구세주라니! 따뜻한
찻물에서 부드럽게 식욕을 자극하는 쓰케모노의
향. 이렇게 해서 쓰러지기 직전의 나를 구해준 것이,
매혹의 붉은 시바쓰케(차조기 절임)였다.

잘 먹겠습니다…!

다음 날 아침. 푹 자고 나니 배의 통증이 좀
가라앉았다. 여전히 미열이 있지만 움직일 수
있을 듯했다. 산 너머 저편은 교토시 중심부에서
북쪽으로 10킬로미터쯤 산자락을 타고 오른 곳의
오하라(大原) 지구. 한 시간쯤 버스에 흔들리며 다다른
곳은 탁 트인 골짜기가 있는 땅이다. 건물과 인파로
뒤섞여 있는 교토 시내에 비하면 전혀 딴 세상처럼
들판이 펼쳐지고, 산기슭에서 삽상한 바람이 스쳐
지나간다. 버스 정류장에서 조금 걸어가니 작은
공장이 나타난다. 오하라의 전통의 맛을 이어 온
쓰지시바쓰케 본점(辻しば漬本舗)이다.

간사이 지방뿐 아니라 도쿄에서도 수퍼마켓에서
흔히 볼 수 있는 시바쓰케. 고도경제성장기 이후
대규모 가공식품회사가 개발한 대량생산품으로,
오리지널 시바쓰케와는 다른 방법으로 만든 것이다.
이곳 주인이 말한다.

"옛날부터 이어져 온 시바쓰케 만드는 법은
단순합니다. 저희 표준 레시피로는 붉은차조기와
가지만 사용하죠."

대량생산품에 해당하는 조미료와 착색료 등은
쓰지 않는다. 교토의 다른 메이커에서 흔히 볼 수 있는

쓰지시바즈케 본점의 시바쓰케(왼쪽)와 시소 밭(오른쪽)

오이나 묘우가(茗荷)° 등도 쓰지 않으며, 붉은차조기와
가지를 염분 농도 5퍼센트가 채 안 되게 소금으로
절이고 돌로 눌러 여름 더위 속에 발효시킨다. 그러면
소금의 삼투압으로 스며 나오는 채소의 수분과 함께
야생 유산균과 효모가 활동을 시작하여, 향기를
뿜으며 부글부글 발효해 간다. 쓰지시바쓰케 본점에서
만드는 극히 단순한 시바쓰케의 포인트를 들어보자.

- 염분이 적고, 주로 유산발효에 의해 pH가 낮아 방부 기
  능이 있다.
- 숙성 기간이 길다.(반 년~일 년 정도)
- 통풍이 잘 되는 오하라의 기후를 살린 식재료.

산을 끼고 이웃한 기후네(貴船) 같은 강어귀의 습기 많은 지역보다 오하라같이 탁 트이고 바람 잘 드는 곳이 붉은차조기 재배에 적합하다. 이 선명한 비색(緋色)의 붉은차조기를, 염분이 적게 하여 천천히 발효시킴으로써 비교적 맛이 깔끔하며 분홍색이 선명하고 기품 있는 쓰케모노가 만들어진다. 특별히 언급해야 할 것은 향이다. 신선한 과일 향 같은 무언가가 붉은차조기에서 피어오른다. 식욕을 몹시 자극하는 기품 있는 풍미. 내가 지금까지 먹어온 시바쓰케란 무엇이었단 말인가….

시바쓰케의 기원은 헤이안시대 후기, 즉 8백 년 가까이 거슬러 올라간다. 기품 있는 붉은보라색과 질 좋은 풍미가 귀족들에게 사랑받아서인지, 이 산간 지방의 쓰케모노는 헤이(平) 씨 가문의 후예 및 황족과 관계가 깊고 훌륭한 내력을 지닌 특산품이 되었다. 중세에는 시바쓰케 장사가 오하라의 산을 내려가 교토 시내로 팔러 갔다고 한다. 공장을 둘러보고 근처 차조기 밭을 천천히 걸었다. 습기 없이 흐르는 산바람이 내 달아오른 뺨을 식혀주었다.

＊

"어? 정말 여기 로컬 식문화가 있나?"

오사카에 환상적인 쓰케모노가 있다. 우엉처럼
가늘고 긴 무를 칭칭 감은 모양새로 술지게미에
담가서 '모리구치(守口)즈케'라고 한다. 그런 이야기를
우연히 듣고 오사카에서 멀지 않은 모리구치
시에 갔다. 어디서나 볼 수 있음직한 건물과
콘크리트투성이인 이 전형적인 교외 뉴타운의 어디서
무를 재배할까? 중세에는 요도가와를 따라 형성된
작고 한미한 촌이었을 듯하다. 거기서 전해오는
이야기는 이런 것이다.

어느 날, 도요토미 히데요시가 모리구치무라를
지나가다 잠깐 쉬고 있었다. 마을 사람에게
오차우케°를 갖고 오게 하자 "이런 게 괜찮으시다면…"
하며 마을 사람이 내민 것이 그 무를 절인 것이다.
소박한 풍미에 감탄한 히데요시가 "이거, 맛있는
쓰케모노로군. 모리구치쓰케라고 이름 붙이지."라고
하여 마을의 명물이 되었다고 한다.

이것이 모리구치즈케의 탄생 이야기다.

○ 차에 곁들여 내는 과자나 간단한 채소절임.

● ＊ 57

모리구치즈케

가난하고 외진 마을이었던 모리구치시는
2차대전 후 고도경제성장과 더불어 급속한 근대화를
이루었는데, 밭이 거의 없는 뉴타운으로 모습이
바뀌는 가운데 모리구치쓰케도 잊혀갔다.

그런데 어인 일인지 모리구치쓰케의 레시피
자체는 아이치현과 기후현으로 건너가서 도카이
지방 향토 요리로 모습을 바꾸어, 오사카에서 떨어진
곳에서 소리 소문 없이 살아남은 것이다. 그리고
21세기로 접어들어, 모리구치시 지역진흥과와
농협 그리고 어머니들이 '나니와의 전통 채소'로
모리구치쓰케의 원료인 가늘고 긴 모리구치 무에
주목했다. 그 종자를 부활시키기 위한 활동을 시작한

것이 최근의 일인 듯하다…라는, 풍문(風聞) 정도의
정보를 바탕으로 모리구치쓰케를 위한 조사를
시작했다.(따로 약속을 잡지 않았다.)

구글 지도를 보면서 요도가와를 따라 공터가
있음직한 곳으로 갔다. 그곳 마을회관에 있던
어머니들께 "모리구치 무라는 가늘고 긴 무를 찾고
있습니다만…" 하고 물어물어 찾아간 곳이 근처 농협.
그 지역 농가의 주민 한 분이 주차장에 손수 만든
큰 화분을 두고 모리구치 무를 만들고 있다고 한다.
내 키를 훌쩍 넘는 플랜터로 기르는, 큰 것은 족히
2미터는 됨직한 껑충한 무다. 종자 부활 프로젝트의
길잡이인 농가의 어르신이 말한다.

"맵고 떫어서 날것으로는 먹을 수가 없어요."

결국, 별로 맛있지 않다는 거다!

"과연. 그래서 쓰케모노로 만들어야 했던
거로군요! 쓰케모노는 먹어보았습니까?"

"아니요. 도카이 지방 레시피를 배웠지만
어려워서 좀처럼 만들지 못했죠."

도카이 지방 레시피란, 간단히 말하면 나라쓰케에
가깝다. 쓰케도코를 몇 번이고 바꾸면서 2년 이상
숙성시킨 고급 쓰케모노를 만드는 것으로, 보통

사람이 제대로 만들기에는 매우 어렵다고 생각하니
의문이 생겼다.

"그리 맛있지 않은 채소에 고급 쓰케모노 만들
때처럼 공들일 필요가 있을까?"

너무도 뻔한 소리인 듯하지만, 모리구치 무는
하천 주변의 척박한 땅에 "뭐, 아무것도 수확할 수
없는 것보다는 낫겠지?" 하며 기르던 작물이다.
그래서 쓰케모노로 만들 때도 고급 식재료로 쓸 법한
계기와는 거리가 멀었다. 필시 도카이 지방 레시피는
나고야와 기후(岐阜) 지방의 유복한 어르신들이
만들었을 것이다. 문득 오사카의 친구로부터 "강
건너 셋쓰 돈다(攝津富田)°에 비슷한 쓰케모노가
있는 듯하다."라는 정보를 듣고 셋쓰 돈다의 오래된
기요쓰루주조(清鶴酒造)를 방문하니 거기에 있었다.
아무리 봐도 모리구치쓰케의 원형(原型)으로밖에
생각되지 않는 로컬 쓰케모노였다.

'돈다쓰케'. 외를 술지게미에 절이는 것으로,
양조장 한쪽에서 가만히 담가지고 있었다. 숙성시킨
술지게미에 소금을 넣고 눌러 굳힌 다음 원료인
외를 넣고 한두 달 정도 숙성시킨다. 나라쓰케처럼
쓰케도코를 바꿔주지 않고 한 번만 절이는 간단한

° 오사카부 다카쓰키(高槻) 시에 있는 작은 마을. 무로
마치시대부터 사철 주변 마을로 번성하여 에도시대에
는 역참 마을, 술 만드는 마을로 이름을 날렸다.

60 ＊○

레시피. 예부터 셋쓰 돈다 일대에서 수작업으로 만들어 온 소박한 쓰케모노 같다. 그 쓰케모노를 만드는 기요쓰루주조의 젊은 주인이 말한다.

"예부터 이 언저리는 양조장이 많아서, 겨울에서 봄에 걸쳐 대량의 술지게미가 나옵니다. 그래서 그것으로 쓰케모노 만드는 문화가 발전했죠."

원료가 되는 것은 핫토리(服部)라는 지역에서 수확하는 시로우리(白瓜, 울외). 어떤 맛인지 물어보니 딱딱하고 써서 날것으로는 먹을 수 없다고 한다.

저런! 뭔가 들어본 적이 있는 이야기 아닌가? 계속해서 그 쓰케모노의 기원을 물어보고는 깜짝 놀랐다.

언젠가 도쿠가와 이에야스가 셋쓰 돈다를 지나가다 잠깐 쉬고 있을 때, 마을 사람에게 뭔가 오차우케를 갖고 오라 하니 마을 사람이 내어 온 것이 이 시로우리 쓰케모노였던 것이다. 소박한 풍미에 감탄한 이에야스가 "이거 맛있는 쓰케모노로군. 돈다쓰케라고 이름 붙여야겠어."라고 한 데서 시골 마을의 명물이 되었다.

돈다쓰케의 탄생 이야기는 이랬다.

결코 맛있을 리 없는 재래 작물을 어떻게 해서든 먹을 수 있게 가공한다. 그리고 그것이 천하 제일 다이묘에게 처음 선보여지고 향토 명물이 된다. 이것이 오사카 쓰케모노가 걸어온 전형적인 모습의 하나다.

교토 사람과 오사카 사람. 사람 됨됨이에 그가 사는 고장의 '~다움'이 묻어난다는 것은 잘 알려진 이야기지만, 쓰케모노에도 마찬가지로 개성의 차이가 있는 듯하다. 교토의 쓰케모노는 중세 이전부터 이어져 온 유서 깊은, 품격있는 문화. 오사카는 서민의 소박한 산물(産物)이 발전하여 향토의 명물이 된, 뿌리 깊은 문화. 여기에 대륙에서 유래한 긴잔지 미소와 헤이안시대 이전부터 자리잡은 거물급 나라쓰케를 더하여 사방으로 넓히고 에워싸면, 긴키 지방 쓰케모노의 또 다른 세계를 나타내는 겟카이(結界)°가 그 모습을 드러낸다.

이 겟카이는, 그 안으로 들어간 어떤 먹을 것도 맛있어지는 '쓰케모노 마법진(魔法陣)'인 것이다.

° 신사나 사원에서 성소 따위 곳과 그렇지 않은 장소를 구분하는 경계.

바다, 산,
거리(도시), 섬의
발효문화

전국 각지의 발효문화와 관계된 곳을 방문하며
가공기술 및 방법과는 별도로, 자연 지형의
특성에 따라 발효문화의 범주를 체계화할 수 있지
않을까 하는 생각이 들었습니다. 그래서 '바다, 산,
거리(도시), 섬'의 넷으로 나누어 보았습니다.

바다
제철을 놓치지 않고 감칠맛을 극대화한다

바다에서 발효는 시간을 다루는 기술입니다.

아주 짧은 시기에만 대량으로 잡을 수 있는
해산물을 적절하게 식재료로 이용하기 위한
가공기술이 다양하게 진화했습니다. 초에 절
이면 신선함을 잃지 않고 오래 가며, 소금으로
절이면 감칠맛이 스며 나와서 오래도록 그 맛
을 보존할 수 있습니다. 누룩과 쌀을 섞으면 스
시의 원류가 되는 나레스시가, 작은 어패류를
통째로 소금 더미 속에 넣어두면 조미료의 원
류인 어장이 됩니다. 일본 발효문화의 중심축
을 지탱하는 것이 물가에서 발달한 가공문화
입니다.

산
흙에 뿌리내린 아이디어의 보고(寶庫)

동서남북, 열대에서 혹한의 북쪽 지역까지.

기후와 풍토가 낳는 다양한 발효문화의 흔적은 산속에 있습니다. 가장 중요한 건 그 고장에서만 나는 작물이죠. 바닷가와 달리 소금을 충분히 가미할 수 없으므로, 식물의 항균효과와 술지게미의 알콜 성분, 유산균의 산미 등을 최대한 활용한 보존기술이 발달해 왔습니다. 토양이 다르니 작물이 다르고, 작물이 다르니 발효기술도 달라졌습니다. 그 특별함은 산속에서 강인한 생명력을 지니며 여전히 남아 있습니다.

거리(도시)
땅의 이점을 살려 가치를 빚어내다

발효는 문화뿐만 아니라 경제도 만듭니다.

도시 지역에서 발달한 대규모 양조업은 중세에서 근세에 걸쳐 일본 경제의 키를 쥐어 왔습니다. 도시는 기타마에부네(北前船)를 비롯한 회선(回旋) 항로를 통해 원료와 상품을 대규모로 나르며 자본을 축적해 갑니다. 중세 해운의 요충지였던 곳에서는 술과 조미료 등의 발효문화가 꽃피었습니다. 보존 가능하여 멀리 운반할 수 있는 데다 부가가치가 높은 양조 제품은 일본 경제의 토대를 이루는 버팀목이었습니다.

섬
폐쇄된 환경에서 생겨난 다양성

섬에서 발효문화는 일본인의 생존의 지혜가
모인 결정체입니다.

바깥세상과 단절되어 물도 풍부하지 않고
쌀농사도 어려운 극한 상황에서도 섬사람들
은 어떻게든 살아가기 위해 기상천외한 발효
문화를 일궈 갔습니다. 고구마가 겨울에 썩
지 않게 하려고 미생물의 힘으로 전분을 추
출한 '센', 에도시대부터 발효시켜온 강렬한
향의 '쿠사야' 등 현대 과학으로 밝혀보려 해
도 수수께끼투성이인 외딴 섬들은 갈라파고
스섬 같은 발효음식의 보고(寶庫)입니다.

돗토리현

치즈

감잎 스시

식초

오카
야마현

마마카리스시

히나세

히로시마현

오노미치

니이하마

아이치현

마쓰야마

한다

이요,
고시키하마

이즈미야

식초

에히메현

※ 제 3 장 ※

물고기와 식초가 지나가는 길

세토우치 일대

눈부신 햇살이 세토 내해의 윤슬이 되어 빛나고 있다. 가을 히로시마현 오노미치(尾道). 언덕 위 높다란 곳에서 내려다보니 바닷가에 찰싹 감긴 듯한 마을이 눈에 들어온다. 하천 입구처럼 좁고 안으로 깊숙이 들어간 지형이 쓰나미와 수해를 막아 주었을 것이다. 거친 바다와 사람 사는 마을의 쿠션 역할을 하는 이리에(入江)는 인간이 바다에 다가갈 수 있게 하는 지형이다. 오노미치는 그런 지형적인 이점을 살린 곳으로, 바닷가에 창고와 공장이 늘어선 '바다의 상인' 마을로서 역사를 간직해 왔다. 에도시대에는 기타마에부네의 기항지로, 주고쿠(中國) 지방에서 첫손 꼽히는 요충지로 번성했던 오노미치. 내가 눈여겨본 것은 식초 양조의 역사다.

일본 지도에서 주고쿠 지방과 시코쿠 지방의 지형을 확인해 보자. 야마구치에서 오카야마에 걸쳐 '혼슈의 꼬리'라고까지 부르고 싶을 정도로 옆으로 납작한 모양의 주고쿠 지방. 북쪽으로 니혼카이(日本海)°, 남쪽으로는 세토 내해 사이에 있다. 그리고 세토 내해 맞은편은 바다로 둘러싸인 시코쿠 섬의 가가와현과 에히메현. 내륙의 대부분은 산지다.

○ 우리나라에서 '동해'라고 부르지만, 이 책에서는 일본 쪽 시각으로 쓰여 있는 저작인 만큼 가타카나로 원문대로 표기한다.

평지가 적고 바다에 가깝다는 것은 벼농사 문화와는
다른, 바다 문화권이 확장되어 있음을 말해 준다.

　　완만하고 트여 있는 긴키 지방과는 뚜렷이
대비되며, 바다와 산으로 엮이고 기복이 심한 세토
내해 지역. 이곳 발효문화의 핵심은 바로 '물고기와
식초'다. 제철에 바다(강)에서 잡히는 물고기를 식초에
담가서 오래 가게 한다. 하지만 긴키나 호쿠리쿠
지방에서처럼 소금에 푹 절이고 나레즈시나 젓갈처럼
초장기 보존하는 문화는 그리 깊게 뿌리내리지
않았다. 산간 지역이면서도 바다에 아주 가까워서
호쿠리쿠~교토처럼 긴 육로로 물고기를 나르는 일도
없고, 일 년의 반 정도가 서리와 눈으로 덮여 농한기가
될 정도의 혹독한 기후도 아니다.
　　특히 온난한 세토 내해에 면한 지역은 일 년
내내 물고기와 가까운 곳이다. 그래서 날것 본래의
신선함을 유지하면서 적당하게 보존성을 지니게
하는 초절임 문화가 발달했다. 세토 내해의 어식(魚食)
문화를 길러낸 발효 조미료 식초. 근세까지 그 생산을
뒷받침해온 것이 '해운 도시' 오노미치다.

아, 그거 정말인가?

그렇다. 메이지시대 중기까지 오노미치는 상가 도처에서 식초를 담갔다. 1916년 당시 열 곳 정도의 업체가 약 3만 석(石)[*]이나 되는 식초를 생산하는, 일본 서부 지역의 식초 제조 대국이었다.(동쪽의 초超대국은 미즈칸Mizkan이 있는 아이치현 치다知多 반도의 한다半田.) 그 옛 모습이 남아 있는 것이 오노미치 명물인 긴 아케이드 안쪽의 오노미치 식초 양조장이다. 창업 4백 년이 넘는다는 이곳은 식초 업계에서 가장 오래된 곳의 하나로, 양조장 안은 식초 박물관 같다. 사진이나 두루마리 그림으로밖에 본 적 없는 거대한 식초 항아리와 거르지 않은 술을 짜는 고풍스러운 후네(상자 모양 용기)[**]가 지금도 현장에서 쓰인다. 광을 둘러보니, 납품용으로 쓰이는 커다란 도쿠리 모양 병이 산처럼 쌓여 있다.

"에도나 쇼와시대 기록에 따르면 이 병은 홋카이도 최북단까지 운반되었습니다."라며 생글생글 웃는 공장장. 식초는 왜 그렇게 아득히 먼 곳까지 여행하게 되었을까? 그 까닭을 밝히려면 예전의 식초 만드는 법과 기타마에부네에 의한 해운, 이 두 가지를 설명해야 한다.

[*] 1석＝한 되들이 병 100개. 따라서 한 되들이 병으로 약 300만 병분＝540만 리터.

[**] 함지로 '조(槽)'. 지레의 원리를 이용하여 무거운 돌로 거르지 않은 술에서 액체를 짜는 커다란 용기.

우선, 식초란 무엇인가? 간단히 말하면, 술을 공기에 접촉시킨 상태에서 초산균이라는 박테리아를 번식시켜 알콜을 강한 산(초산)으로 변화시킨 조미료다. 일본에서 전통적인 식초는 쌀식초이며, 쌀이 원료인 술로 만든다. 식초를 만들려면 다음 세 단계가 필요하다.

- 술의 바탕이 되는 누룩을 만든다.
- 누룩에서 술을 만든다.
- 술을 식초로 바꾼다.

결국 엄청나게 손이 가는 힘든 작업이다!

좀 더 자세히 살펴보자. 먼저 일반적인 니혼슈를 담근다. 그리고 짜기 전의 거르지 않은 술에 물을 타서 알콜 도수 4~6도 정도의 액체로 만든다.(거르지 않은 술의 알콜 도수는 13~18도) 알콜 도수가 낮은 이 액체를 뚜껑 없는 용기(옛날에는 주로 항아리가 쓰임)에 옮겨, 표면을 공기와 닿게 한 상태로 40도 안팎의 따뜻한 방에서 발효시킨다. 그러면 액체 표면에 얇은 막이 생긴다. 이것이 초산균 덩어리다.(이 얇은 막은 이듬해에 담는 식초의 스타터가 되므로 따로 옮겨 둔다.) 그 막이 퍼져오면 2~4개월 정도 천천히 발효시키는데, 발효가 가라앉았을 때 온도가 낮은 숙성 공간으로 옮겨 일 년 정도 재워두면 제맛이 나기 시작한다.

식초의 초산막(오노미치 양조장)

"뭐야! 술 만드는 것보다 힘들잖아!"

제대로 본 것이다. 식초 만드는 작업은 고되다. 이렇게 시간을 들여 술을 숙성시키는 전통 제법을 '정치(靜置) 발효'라고 한다. 덧붙여 슈퍼에서 한 병에 백 엔 정도에 파는 식초는 드럼식 세탁기처럼

공기를 넣으며 양조용 알콜액을 빙빙 돌려 휘저어서
하루에 발효를 마치는 '전면(全面) 발효'라는 방법으로
만든다. 근대 이후 방식이다. 하지만 에도시대부터
메이지시대에 걸쳐서는 이런 공정의 자동화 기술이
없었기에, 식초는 손이 많이 가는 고급품이었다.

　　이거, 사업가의 관점에서 보자면… 식초의
원료는 쌀뿐이어서, 원료의 몇 배나 하는 판매가격이
매겨지는 고부가가치 상품, 즉 브랜딩하기에 따라
엄청나게 이익이 되는 것이다. 오늘날 화장품이나
건강식품처럼.(실제로 식초는 고대부터 전 세계에서
약으로 중요하게 쓰여 왔다.)

　　식초 문화를 이루는 중요한 포인트인 해운을
살펴보자. 발효 기행을 통해 전국 각지에서 만나는
것이 기타마에부네 문화다. 항로는 아키타현
기사가타(象潟)와 야마카타현 사카다(酒田), 후쿠이현
와카사 만 등 호쿠리쿠의 니혼카이 연안에서
야마구치현의 시모노세키와 세토 내해를 지나
오사카의 사카이로 들어가거나 그곳에서 시작한다.
일본 열도 서쪽을 오가는 대항로로, 모터나 엔진이
없던 시대에 파도의 흐름을 타고 대량의 물자를

수송하는 물류로서 발전했다. 보존기간이 길고 부가가치가 높은 발효식품은 이 기타마에부네와 깊이 연관되어 있다.

오노미치 식초의 경우는 어떻게 된 걸까? 먼저 원료인 쌀은 아키타 지역에서 알이 고르지 않은 값싼 것을 니혼카이~세토 내해 경로로 들여온다. 그리고 오노미치에서 식초로 가공하여 부가가치를 높이고, 반대로 도는 경로로 니혼카이 연안에서 팔았다. 바닷가 상인의 거리인 오노미치는 기타마에부네 운항 경로를 장악하고 있었다. 그 판로에 자기가 비용을 부담하는 상품인 식초를 싣고 기타마에부네 경로의 끝인 홋카이도는 물론, 나아가 사할린까지 가서 팔았다. 오늘날 식초 제조의 대명사 격으로 손꼽히는 미즈칸(나카노 스미세中埜酢店)은 치다 반도에서 에도로 이어지는 동쪽 회선(回船) 항로를 장악했다.

물건 파는 비즈니스의 기본은 '상품 개발력×판매망과 영업력'이다. 좋은 상품을 만들어도 판로가 없으면 취급이 소홀해져 높은 중개료를 지불해야 한다. 이미 판로가 있는 곳에서 자기 비용으로 상품을 만들면 원하는 값을 매길 수 있다. 결국 막강한 경쟁력을 지니게 된다. 이게 오노미치 상인다운 모습이다.

이런 예처럼 '편의점이 프라이빗 상품을 만드는' 식의 방법으로 식초를 팔던, 바다의 비즈니스 마스터—오노미치의 경제는 극도로 융성했다. 오노미치에서 만든 식초의 모체가 된 호상(豪商) 하시모토(橋本) 집안에서는 히로시마은행 설립과 오노미치 철도 부설에 관련된 인물이 배출되었다. 결국 식초는 오노미치는 물론 히로시마 경제가 비약적으로 발전하는 데 중요한 역할을 했다고 할 수 있다.

오노미치의 현재 양조장 부지에서 항구에 이르는 3백 미터 남짓한 곳. 한창때는 이 일대에 온통 식초 양조장만 보였다고 한다. 기타마에부네로 실어 온 원료는 바로 곳간에 쌓이고, 완제품 식초는 곧장 항구에서 출하됐을 것이다. 레트로한 건물이 늘어선 골목을 빠져나와 바다로 나섰다.

인기척 없는 제방에선 고양이 한 마리가 망중한을 즐기는지 하품을 하고 있다. 바다 너머로는

무카이시마(向島)의 조선소가 보인다. 바다 상인들의
활발한 무역 활동은 부국강병의 꿈으로 이어졌고,
더 나아가 아시아를 압도하려는 야망과 함께 거대한
조선소로 탈바꿈해 간 것이다.

    오노미치에서 세토 내해를 따라 백 여 킬로미터
동쪽으로 가면 오카야마현의 오래된 항구도시
히나세(日生)에 다다른다. 항구에 바싹 붙어 있는
일본 요리점 '텐보(天坊)'의 주인이 '마마카리' 다루는
모습을 보고 싶었다. 오카야마현의 명물 마마카리는
'삿파'라는 작은 청어의 별칭이다. 초봄과 초가을에
만으로 몰려오는 이 물고기를 초절임해서 반찬으로
즐긴다. 이 마마카리는 살이 적당히 단단하고
기름기도 올라 있어 먹어도 먹어도 질리지 않는다.
너무 맛있어서 밥이 순식간에 없어져 옆 사람에게
"마마(밥) 빌리러 가야 돼!"라고 한다는 데서
마마카리라고 부른다고 한다.

    일본 요리점 주인다운 인상의 야마구치

이사오(山口功) 씨가 익숙한 손놀림으로 다루는
마마카리. 머리와 내장을 발라내고 뼈 양쪽으로 가른
살을 하룻밤 소금에 절여 수분을 빼낸다. 소금기를
제거하고 고추와 당분을 넣어 맛을 낸 식초에 한두
달쯤 담가 둔다. 이것을 술안주나 밥반찬으로 하는
것이 기본이다. 식초로 짧은 시간 동안 절여 초밥을
만들면 마마카리즈시가 된다. 너무 담백하지 않고
감칠맛이 있으며, 적당히 새큼한 맛이 식욕을 돋운다.
마냥 한없이 먹을 듯한 캐주얼 구루메. 곁들여
니혼슈를 마시고 싶다…!

　　카운터 너머로 주인과 이야기를 나누는데
'우오지마'라는, 귀에 익숙지 않은 단어가 들려왔다.

　　"봄이 되면 히나세 앞쪽 좁은 바다에 엄청난

마마카리즈시 만드는 모습

물고기 떼가 몰려오지. 물고기가 밀집해 있어 지면이
솟아오른 듯이 보이는군. 그래서 물고기의 섬
'우오지마'라고 해. 바다를 보며 '우오지마가 왔다!'
하고 소리치는데, 그게 어부에게 한 해의 시작인 거야."

도시 사람이 공원에서 꽃구경을 하며 새로운
시즌이 시작되듯이, 엄청난 물고기 떼가 몰려오면
어부들의 새로운 시즌이 시작된다. 우오지마, 뭔가
풍정(風情)이 느껴지는 말이 아닌가…!

"또 하나. 우오지마에는 대연회(大宴會)라는
의미가 있어. 엄청나게 많이 잡힌 물고기를 테이블을
온통 뒤덮을 정도로 늘어놓고 모두가 술을 마시지. 이
또한 우오지마인 거야. 하지만 최근에는 그렇게 되질
않네. 어부도 적어진 데다가 어획량도 신통치 않아.
이젠 썰렁하기만 하지."

왜 히나세에서 물고기가 잡히지 않게
되었을까? 어협(漁協)에 가서 물어보니 "바다가
너무 깨끗해져서."라는 대답이 돌아왔다. 옛날에는
생활하수가 적당히 만으로 흘러들어, 그 유기물이
물고기 먹이가 되는 플랑크톤을 자라게 했다. 하지만

삶의 방식이 현대화되면서 생활하수의 질이 달라져
바다로 흘러들지 못하게 되었다. 그야말로 하수
정비의 역설적인 효과인 셈이다.

"옛날에는 바다가 그렇게 깨끗하지 않았어.
따뜻한 계절엔 약간 냄새가 날 정도였지. 하지만 그게
물고기에게는 좋았을 거야. 너무 깨끗해도 물고기가
잡히지 않는구만."

히나세의 어부의 말이 의미심장하다. 바다와
사람의 적당한 거리. 이 거리감이 이상해지면
해산물은 인간에게서 멀어진다. 그저 '잡는' 것뿐,
바다에서 '받는다'는 것만 생각하면 우오지마는
더이상 다가오지 않는다.

이번에는 산으로 향한다. 히나세에서 북쪽으로
50킬로미터쯤 내륙으로 들어가면 돗토리현과
오카야마현의 경계에 있는 치즈(智頭)라는 산촌이
나온다. 깊은 산간 지역에 흐르는 강가를 따라 촌락이
모여 있는 언덕을 오르니 구니마사 가쓰코(國政勝子)
아주머니 집에 다다른다. 멋진 목조 저택이다. 대대로

치즈에서 살아온 집안에서 태어난 아주머니의 감잎 스시가 먹고 싶었다.

나라(奈良)를 비롯하여 서일본 일대에서 먹을 수 있는 감잎 스시. 대부분은 치마키(粽)°처럼 감잎으로 밥을 싸서 만드는 오시즈시(押しずし)°° 스타일이지만, 이곳 스시는 감잎에 주먹밥을 놓고 그 위에 재료를 얹는 니기리즈시(握りずし)°°° 스타일이다. 잎의 초록색, 밥의 흰색, 재료의 분홍색이 눈에 선명히 들어올 만큼 앙증맞고 예쁘다.

만드는 방법은 이렇다. 초여름부터 초가을까지 딴 감잎에 초밥과 연어의 일종인 사쿠라마스 살을 얹고, 산초 열매 등 제철 향초로 악센트를 준다. 그것을 나무통에 담아서 여러 단을 쌓아 일주일 정도 발효시킨다.(하루만 짧게 절여서 먹기도 한다.) 감잎과 식초로 부패를 막고, 오봉(お盆)°°°°을 맞이하는 더운 시기에 상하지 않게 하려는 지혜였을 것이다. 한 번에 몇십 개씩 만드는 감잎 스시는 가족 친지나 마을 공동체에서 즐기던 잔치 음식이기도 했다.

"언제부터 이 스시가 있었는지는 모르겠습니다. 나는 할머니께 배웠는데, 그 할머니도 윗대로부터

° 댓나무 댓나무 잎으로 말아서 찐 떡.

°° 네모난 나무 상자에 밥을 담아 그 위에 건을 한 생선 따위를 얹고 무게으로 누른 다음 적당한 크기로 썬 것.

°°° 적당량의 밥을 손으로 쥐고 그 위에 고추냉이와 생선을 올려 만든 초밥.

°°°° 음력 7월 15일에 조상을 제사하는 불사(佛事).

감잎 스시를 만드는 카츠코 아주머니

배웠죠. 그렇게 해서 할머니의 맛이 죽 이어져 온 겁니다. 생각해 보니 나도 50년 넘게 감잎 스시를 만들어온 것 같아요."

아주머니가 부끄러운 듯 다소곳하게 말한다. 오늘날엔 연중 아무 때나 축하하는 자리에서 먹지만, 원래는 오봉이 끝날 때의 '쇼진오토시(精進落し)°로 먹었다. 오늘날의 쇼진오토시는 죽은 사람의 화장을 마친 날 밤에 먹는 식사를 가리키지만, 원래는 신사에서 제례나 순례가 끝나거나 중대한 재해 등이 수습된 뒤 "고생 많았습니다!" 하며 격려하는 마음으로 먹는 특별한 음식이다.

산이 깊고 육식이 금지된 고장에서 귀중한 생선 살과 쌀밥을 함께 먹을 수 있는 감잎 스시는 오봉이라는 여름의 통과의례를 마친 공동체의 수고를 위로하는, 고마운 산의 스시였을 것이다. 일 년에 한 번 만드는 이 스시는 보기에 아름답고 맛도 산미와 단맛이 절묘한 대비를 이룬다. 아주머니의 친절함이 마음속 깊이 전해오는 향토 스시의 진수다.

이야기를 듣고 있자니, 향토 스시는 정신세계(혹은 영성)와 깊은 관계가 있음을 알 수

○ 불교를 금하며 채식을 하는 기간이 끝나고 평상시 식사로 돌아감.

있다. 치즈에는 두 가지 향토 스시 문화가 있다. 오봉 때 쇼진오토시로 먹는 감잎 스시와, 정월에 제사하는 신에게 바치는 고등어 나레즈시다. 전자에는 조상이 하늘나라로 돌아가신 뒤 위로하며 멀리 떠나보내는 마음이, 후자에는 새해를 기대하며 즐거이 맞이하는 마음이 깃들어 있다.

이런 이야기가 전해오는 것은 외갓집이 있는 사가(佐賀)의 어촌을 떠오르게 한다. 어부들은 오봉이 시작되면 고기잡이하러 가지 않는다. 이 시기에 바다에 가면 '조상님이 데려가 버린다'고 한다. 오봉 마지막 날 종이와 나무로 만든 미니어처 배에 공양물을 담아 바다에 띄우는데, 그 의식이 끝나면 고기잡이하러 가므로 물고기를 먹을 수 있게 된다.

물과 깊이 연관된 곳에서 오봉이 끝날 때 물고기를 먹는 것은 저세상과 이 세상의 경계를 긋는 특별한 식사임을 알 수 있다. 이전까지 지역 문화에서 스시는 신과 사람을 잇는 중요한 음식이었다.

연어과인 사쿠라마스는 강과 바다 양쪽에서 사는 물고기로, 치즈와 세토 내해를 잇는 존재이기도 하다. 바다 신앙이 스시를 매개로 산촌에 전해졌다. 이 감잎 스시는 그런 역사의 자취가 남아 있는 것이다.

여행을 계속하면서, 스시를 쥐는 가쓰코 아주머니 손이 간간이 떠올랐다. 반 세기 넘게 줄곧 뜰의 감잎을 따서 밥알을 싸 온 동그스름한 손. 말수가 적은 아주머니의 입 대신 그 손은 나에게 그 고장의 기억을 웅변하듯 말해 주었다. 이 손으로 싼 스시는 고장의 기억을 전해주는 '언어 아닌 언어'인 것이다. 아주머니의 이야기 한 마디 한 마디를 음미하다 보니 새삼 울컥해진다.

"만난 적이 없는데도 왠지 친근한 사람처럼 느껴져…. 뭐랄까? 친척을 만난 느낌?"

내가 여행에서 찍은 인물사진을 본 친구의 딸아이가 말한다.

감잎 스시를 만드는 가쓰코 아주머니 모습에는, 한 개인을 넘어서 그 고장의 삶을 떠오르게 해주는 힘이 있다. 누군가에게도 언젠가 그녀가 스시를 만들어 준 듯한 정겨움. 가쓰코 아주머니뿐만 아니라 내가 만난 양조가나 어부나 농가 사람들의 모습에는 자신의 기억을 불러일으키는 듯한 신비로운 힘이 있다.

대체 왜 그럴까?

그것은 음식이라는 감각적인 기억에 이어져
있는 이미지 때문이다. 언어로 전해지는 기억과
달리 미각은 시간적 변화나 흐름에 따른 기억이
아니다. 어릴 때 체험한 맛은 '예전의 기억'으로
서랍 속에 넣어지는 일이 없고, 마치 지금 그 순간을
체험하는 듯이 갑자기 생생하게 되살아난다. 그것은
정보로서의 기억이 아니라 감성의 기억이다. 스시를
만드는 가쓰코 아주머니의 모습은 평소 닫혀 있던
기억의 문을 열고, 다정한 가족이나 친구와의 추억을
불러일으킨다. 그리운 맛과 향과 함께.

　　내가 이 여행에서 만난 것은 한 개인인 동시에
그 고장을 지켜왔던 몇 세대에 걸친 많은 사람의
원형(아키타이프)일 것이다. 그 얼굴, 그 손, 그 숨결
저편에 보이는 것은 자신이 알고 있는 그리운
누군가의 모습. 기억의 문 한쪽 작은 틈새로 언뜻언뜻
보이는 그 모습을 찾아서 나는 여행을 계속했다. 계속
걷다 보니 이내 그 모습은 멀어져 가고, 안개 낀 어둠
저편으로 사라져 갔다.

✳

주고쿠 지방에서 세토 내해 건너 시코쿠 북부
지역에도 식초 문화가 뿌리내려 있다. 그중에서도
에히메현 북쪽 연안 일대. 자그마한 음식점에서
메뉴를 살펴보니 복어 살을 듬성듬성 썬 사시미를
폰즈°에 적신 '후구자쿠'와 단맛 나는 식초를 뿌린
치라시즈시 '마쓰야마(松山)즈시'와 붉은 순무를
초절임한 '히노카부라즈케' 등등 모든 메뉴에 식초를
듬뿍 곁들인다. 게다가 감귤을 짜 넣기도 하니,
에히메현은 그야말로 '시큼한 미식 대국'이다.

그중에서 내 마음을 당기는 것이 있으니,
비지를 이용한 스시다. 가끔 마쓰야마의 역에서 본
'이즈미야'라는, 동글동글하며 특이한 스시 형태의
음식. 포장지에 적힌 주소를 따라 마쓰야마에서
서남쪽에 위치한 이요(伊予)의 바닷가에 잇따라 있는
두붓집을 찾았다.

자그마한 항구에 어선이 빼곡히 들어차서
복닥거리는 고시키하마(五色浜). 다이쇼 시대에 지은
고풍스러운 등대가 있는 주차장에 차를 세우고

○ 식초의 일종. 등자·유자 등의 감귤류를 짠 액즙에 간장을 넣고 미림·가쓰오부시·다시마를 넣어 감칠맛을 낸 것.

우선 신사에 참배하러 간다. 딱히 빌고 싶은 게 있는
건 아니어서 '실례합니다' 하고 인사하는 마음으로
손뼉을 친다. 야마가타현 쓰루오카에서 만난,
산속에서 지내는 호시노(星野) 선배로부터 "비는 데
의미는 필요 없어. 목적 없이 그냥 비는 것만으로
괜찮아."라는 조언을 듣고 나서, 새로운 곳을 방문하면
먼저 그 고장의 신사나 절에 가게 되었다. 방문 인사를
하고, 옛날부터 그 고장을 지켜온 존재에 경의를
표하는 것을 겸해서다.

언뜻 보기에 고시키하마는 예부터 사람과 바다를
이어 왔음을 알 수 있는 항구다. 물이 사람을 잘 따르는
듯 파도에 가까이 다가가도 마음이 편안하다. 항구를
따라 우두커니 서 있는 듯한 미요시(三好)식품°은
건물을 바라보기만 해도 그리움이 솟구치는 가겟집
거리의 두붓집이다. "들어가도 괜찮겠습니까?" 하니
넉넉하고 푸근한 인상의 아주머니가 나온다.

"아, 이즈미야 때문에 왔군요. 막 비지초밥이
되었으니 먹어볼래요?" 하며 안쪽으로 발길을 이끈다.

백미가 고급품이던 시절, 이즈미야는 서민을
위한 스시 대용품이었다. 비지에 단 식초와 생강을
넣고 하루에서 사흘쯤 재워 맛을 가라앉힌다. 그것을

° 현재는 '주식회사 마메야우이
(豆惠)'로 상호가 바뀌었다.

초밥으로 해서, 같은 식초로 살짝 절인 제철 청어를
재료로 스시를 만든다. 고급 어종은 쓰지 않고
아지나 정어리, 공미리 등 값싸고 등 푸른 생선을
쓰는 것이 기본이다. 그중에서도 전형적인 것이
전어인데, 여기서 쓰는 것은 전어의 중치인 고하다가
자란 것이다. 아, 스시집 고하다는 반드시 초에 절인
것을 쓴다. 날것 그대로 먹으면 냄새가 고약하며
맛이 없는데 식초로 담그면 비린내가 잡히고 살이
오그라들며 감칠맛이 배어난다. 고하다에서 맛이 더욱
밋밋해진 전어를 먹는 가장 좋은 방법은 초에 절이는
것이다.

예부터 두부는 서민이 손쉽게 먹을 수 있는
단백질 공급원이었다. 두부 만드는 과정에서 비지가
나온다. 흐슬부슬한 식감에다 밋밋하고 맛없는
비지를 어떻게든 먹을 수 있게 하려고 식초에
담가서 쌀 대용품으로 삼게 되었다. 미요시식품
같은 상점가 두붓집이 이즈미야를 만드는 것은
자연스러운 일이었을 게다. 1919년부터 5대째
이어져 온 미요시식품의 비지초밥은 새큼달큼하지만
끈적거리지 않는, 기품 있는 에히메현의 음식다운

시큼한 맛이다. 생선과 함께 먹으면 아무리 먹어도 질리지 않는, '더없이 친근한' 음식이 된다.

덧붙여, 아주머니의 큰아들과 셋째 아들도 공장에서 함께 일하는데, 특이하게도 둘째 아들은 다른 두붓집에서 일을 배우고 있다. 손자들도 많으니, 이들 가족만으로도 지방의 출생인구 및 상주인구 감소에 따른 문제 해결에 어느 정도 기여하는 셈이 아닐까. 사랑스럽고 듬직한 두붓집 사람들이!…

그런데 이 '이즈미야'라는 특이한 이름은 대체 어디서 비롯한 걸까? 아무래도 마쓰야마에서 동쪽으로 떨어져 있는 니이하마(新居浜)가 발상지인 것 같다. 서둘러 니이하마로 가서 바닷가 가까이 있는 여관 주인과 이자카야 주인께 여쭤보니 "이즈미야? 그거 뭔가요?" 하고 다들 어리둥절해 한다. 어? 니이하마에서는 다들 이즈미야를 먹는다고 생각했는데, 거의 환상의 메뉴가 아닐까? 향토 요릿집마다 전화로 수소문해 봤지만 신통치 않았다. 마침내 인기 있는 일본 요릿집과 연락이 닿았다. 얼른 찾아가 카운터에서 주인장과 이야기를 나누었다.

"이즈미야는 에도시대에 이곳 니이하마에서 구리 광산업으로 번창한 호상(豪商) 스미토모가(家)의 이름이었습니다. 구리 광산 사업을 위해 온 스미토모 집안의 직인(職人)이었겠지요. 어떻게든 스시가 먹고 싶어 궁리 끝에 나온 것이 비지를 사용한 것으로, 이즈미야 사람이 먹던 스시가 그대로 이름으로 내려온 거라고 합니다만, 그야말로 옛날이야기죠. 글쎄, 뭐랄까요…."

이 이즈미야, 니이하마에서는 거의 먹지 않는다. 서쪽의 이요와 우와지마(宇和島) 쪽에서는 '마루즈시'라는 이름으로 만든다고 귀띔해 주었다. 이 가게에서도 이즈미야를 먹어볼 수 있는지 물었더니 대뜸 주인장 아드님이 "며칠 전에 예약하면 됩니다. 비지를 잘 으깨어서 부드럽게 하여 초에 절이는데, 이렇게 밑재료 준비에 제법 시간이 듭니다. 저희는 요릿집인지라 일반 가정에서 만드는 것보다 훨씬 맛있어야겠죠. 상당히 맛있습니다."라며 생긋 웃는다. 서민의 소박한 맛이 있는가 하면, 프로의 숙련된 솜씨에서 나오는 맛이 있다. 이 다이내미즘이 레시피를 '우선 곧바로 먹을 수 있는 것'에서 '어떻게든 먹고 싶은 음식'이 되게끔 했을 것이다.

그렇다! 다음에 에히메현에 가면 음식점에서
제대로 만든 이즈미야를 먹어 봐야겠다.

스시의
진화사

'신선한 어패류를 초밥에 얹어서 먹는다.'
일본 음식의 대명사가 된 이
에도마에즈시(江戸前ずし)의 기원을
더듬어 가면, 거기에는 로컬한 바닷가
발효문화가 진화해 온 역사가 있습니다.
우리가 먹는 스시는 하루아침에 생겨난
것이 아니라 수백 년에 걸친 시행착오가
있었기에 가능했던 것입니다.

제1단계 어장(魚醬), 젓갈

아키타현의 숏쓰루° 같은 어장과, 도야마현의 구
로즈쿠리°° 와 오이타현의 우루카°°° 같은 젓갈이
어패류 가공기술의 원점. 소금에 절여 썩지 않게
하고 효소로 흐물흐물하게 녹인 것이 조미료(어
장)인데, 이것과 함께 감칠맛 가득한 살을 먹으면
진미(젓갈)가 됩니다. 이 둘은 세계 각지에서 두루
두루 맛볼 수 있는 것으로, 발효문화의 원형이라
할 수 있습니다.

° 정어리나 도루묵을 담근 젓
  갈의 젓국을 걸러 간장 대신
  쓴다.

°° 고락째 담근 오징어젓.

°°° 은어 알이나 창자로 만든 젓갈.

제2단계 나레즈시

생선살을 소금과 밥에 섞어 오래도록 발효시켜, 제1단계의 짠맛과 감칠맛에 유산발효의 산미와 향을 더한 나레즈시가 다음 단계. 시가현의 붕어 나레즈시와 기후현의 은어 나레즈시, 호쿠리쿠(北陸) 지방과 서일본 지역의 고등어 나레즈시 등이 있습니다. 강한 산이 잡균의 침입을 막아주어 여러 해 동안 보존할 수 있게 되었습니다. 스시는 '시다'는 뜻을 지닌 '酸(っぱ)し'[스(ㅅ파)시]라고 표기하기도 했습니다. 생선과 밥이 시큼해지면 썩지 않고 맛있는데, 스시의 이런 기본 콘셉트가 나레즈시에서 확립된 것입니다.

시가현 오키시마 니고로브나의 나레즈시(왼쪽)와
기후현 가와라마치 이즈미야의 은어 나레즈시(오른쪽)

제3단계 초절임

'시큼하게 하면 썩지 않는다'는 제2단계 원리의 응용
편. 시간을 들여 유산발효시키는 게 아니라 처음부터
시큼한 초에 담가 두는 것입니다. 오카야마현의 마마
카리즈시와 돗토리현의 감잎 스시, 에히메현의 이즈미
야 등이 좋은 예입니다. 숙성감과 발효감을 강조하는
나레즈시에 비해 초절임은 어패류의 신선함도 갖추어,
이 제3단계에서 스시에 '신선함'이라는 요소가 더해지
게 됩니다.

제4단계 에도마에즈시

에도시대에 접어들며 고기잡이와 유통 기술이 발달함
에 따라 초밥에 신선한 어패류를 얹는, 우리에게 익숙
한 에도마에즈시가 생겨납니다. 내가 사는 야마나시현
에는 바다가 없는데도 옛날부터 스시집이 많았는데,
생겨날 당시 에도마에즈시의 모습을 엿볼 수 있습니
다. 현재는 냉동했다가 녹인 생선을 재료로 씁니다만,
이 지역 옛 스타일의 스시는 횟감을 초로 살짝 절이거
나, 간장이나 타레(조미한 국물)에 담그거나 하여 좀 손
이 간 것입니다. 장기간 숙성하는 게 아니라 '조금 손이
가서' 시큼한 맛과 발효 효과로 오래 보존할 수 있게 되
어, 저마다 특유의 맛을 연출하는 거지요. 그런 의미에
서, 오늘날에도 많은 사람이 늘 찾는 고하다나 시메사
바° 등 초로 절인 스시는 제3단계와 제4단계 에도마에
즈시를 잇는 연결고리라 할 수 있습니다.

○   고등어를 크게 두 조각으로
     내어 소금과 식초로 간한 것.

도쿄도

하치조지마

아오츄

아오가시마

* 제 4 장 *

미생물이 유혹하는 소리

도쿄도 외딴 섬

외딴 섬은 일본의 원(原)풍경이다. 일찍이 일본에서 사람들은 어떻게 살고 있었을까? 그 옛날의 생활양식과 정신세계가 오늘날 이곳에 사는 사람들에게 숨결을 불어넣고 있다. 그리고 또 하나. 외딴 섬에는 아시아의 다양한 민족이 바다를 거치며 섞여 온 흔적이 아로새겨져 있다. 요컨대 일본이라는 나라의 고유성과 유동성을 함께 엿볼 수 있는 장소인 것이다.

그 점은 발효문화에도 딱 들어맞는다. 외딴 섬의 많은 곳은 식재료를 자유롭게 조달할 수 없다. 물을 얻기 어렵고, 만든 것을 상품으로 내다 팔기도 어렵다. 그래서 한정된 지역적인 소재를 철저히 활용하게 된다. 그 결과, 일반적으로 생각할 수 없는 신비스러운 발효기술이 생겨난다. '왜 그렇게 된 걸까?' 하는 의문에서 시작된 발상의 전환, 터무니없어 보일 정도의 엄청난 수고, 지속성을 갖추기 위한 온갖 궁리. 외딴 섬에는 일찍이 일본 열도 대부분 지방에서 서민이 생존을 위해 쌓아갔을 지혜의 결정체가 있다.

※

아오가시마(靑ヶ島). 이즈반도 최남단
하치조지마(八丈島)에서 70킬로미터쯤 내려온 곳에
홀로 떠 있는, 인구 겨우 160명 정도의 외딴 섬이다.
커다란 분화구 속에 작은 화산이 있는데, 세계지도
어디를 둘러 봐도 드문 이중 칼데라 화산섬이다.
깎아지른 듯한 절벽이 해수면에서 솟아 있고,
자그마한 해변에는 파도가 사납고 거칠다. 접근을
거부하는 듯한 환경에서 6백 년 넘게 전부터 사람들이
살아온 듯하다. 18세기 말 화산 폭발로 주민 모두가
이웃 하치조지마로 피난을 떠났다. 그래서 그대로
무인도가 되었나 했는데 반 세기에 걸쳐 거의 대부분
주민이 아오가시마로 돌아왔다. 그야말로 지역과
지역성을 더없이 소중히 여기는 곳이다. 기원을
알 수 없는, 가면 쓰고 치르는 종교의식*이 있고,
화산대에서만 볼 수 있는 진귀한 식물의 생태계가
있는 등 매우 특이한 곳이지만, 발효문화도 그런
면에서 결코 뒤지지 않는 아주 독특한 것이 있다.
야생의 미생물로 만드는 소주 '아오츄(靑酎)'다.

　11월 중순, 외딴 섬과 소주를 잘 아는 지인의
제안으로 아오가시마에 갈 수 있게 되었다. 도쿄

* 섬의 수호신을 모신 오오사토(大里) 신사에는 1960년대
중반까지 행해지던 '데이라호제(祭)'에 쓰인 남자 도깨비
와 무녀의 으스스하게 느껴지는 가면이 장식되어 있다.

하네다 공항에서 항공편으로 하치조지마로 가서
소형 헬기로 갈아탄다. 순조롭게 연결되면 도쿄에서
4시간 정도에 닿을 수 있다. 하지만 정원 열 명이 채
안 되는 헬기는 예약이 하늘의 별 따기이고 배편도
일주일에 네댓 편에 불과한데, 그나마 날씨와 파도
때문에 걸핏하면 결항한다. 배 시간이 맞지 않으면
하치조지마에서 며칠이고 내내 기다리고 있어야 한다.
운이 좋고 나쁨에 따라 섬에 갈 수 있고 없고가 바뀌어,
때로는 인내와 이해가 필요한 섬이다.(나는 지인의
도움으로 별문제 없이 다다를 수 있었다.)

아오가시마의 색다른 공간 분위기를 나타내는
것은 여러 가지가 있는데, 무엇보다 주소가 없다.
민가도 상점도 공장도 하나같이 번지수가 없다. 모두
'무(無)번지'로,° 다른 의미에선 모두 같은 주소인
것이다.

번지가 없는 헬기장에 내리자 눈부시게 맑은
하늘에 강풍이 휘몰아친다. 돌풍을 예고하나 보다.
분화구 위 옹색한 평지에 올망졸망 모든 인가가 모여
있고, 분화구 아래로는 지금도 활동하고 있는 푸딩
모양의 작은 화산이 보인다. 사보텐 같은 용설란이
비죽비죽 솟아나 자라고 있고, 불그스름한 갈색빛

○ 아오가시마 이정표에는 생산지 주소가 이렇게 표기되어 있다. "東京都青ヶ島村 無番地"(도쿄도 아오가시마무라 무번지)

경사지에서 내뿜는 지열로 고구마를 찌거나 계란을
삶을 수 있다. 작은 화산 주위의 무성한 정글 같은
숲에서 용암이나 소철 나무에 기생하여 자라는,
데즈카 오사무의 SF 만화에 나올 듯한 기묘한 형상의
양치류 식물 오오타니와타리(大谷渡)°가 이 화산섬
발효문화의 상징이다.

　　그것은 왜일까? 오오타니와타리에 서식하는
검은곰팡이가 '아오츄'를 빚는 출발점이기 때문이다.

　　섬 중심지인 분화구 위의 취락에서 바다 쪽으로
조금 내려간 곳 앞에 아오가시마 주조 공장이 있다.
각 가정에서 소주를 빚어 온 주민들이 조합 형식으로
만든 것이다. 사장이 있고 스태프가 있는 조직이
아니라, 여러 명의 양조가가 각기 양조 설비와 탱크를
맡고 각자 스타일대로 술을 만든다. 그 가운데 한 사람,
오쿠야마 아키라(奥山晃) 씨의 도움으로 소주 만드는
것을 체험해볼 수 있었다.

　　현재 아오가시마의 소주는 거의 남자들이
만들지만, 전에는 어머니들이 아버지들을 위해
만들었다고 한다. 아키라 씨가 소주 만드는 법은
어머니에게 배운 전통 방식이다. 소주 만들기의
유래와 역사의 자취가 물씬한, 다소 거칠고

○은 둥근 나무~타원형의 상록도
수목과 바위 틈에 붙어 산다.

소박하면서 단순한 것이다. 나도 나름 곳곳의 소주 양조장을 살펴보았지만 아오가시마의 전통 방식을 보았을 때는 '어, 이거 정말입니까?' 하며 깜짝 놀라고 말았다. 그 전통 방식으로 소주 만드는 법은 아래처럼 정리할 수 있다.

- 우선 찐 보리에 야생의 검은 누룩균*을 묻혀서 소주 누룩을 제조한다.
- 누룩과 찐 고구마를 빗물에 섞고, 양조장에 서식하는 야생 효모로 발효시켜 모로미(거르지 않은 술)를 만든다.
- 모로미가 충분히 발효되었을 때 증류해서 고농도 알콜을 뽑아낸다.

이어지는 중요한 포인트는 다음과 같다.

누룩을 만들 때는 종국(種麴)°이라는, 균의 스타터를 식재료에 첨가해야 한다.(이스트 만들 때의 드라이 이스트 같은 것이다.) 통상 종국은 '모야시야'**라는 균 배양 업체에서 사들이지만, 아오가시마는 50년쯤 전까지만 해도 일 년에 수차례밖에 정기여객선이 오가지 않는 외딴 지역이어서 자가채종(採種) 방식으로 만들었다. 술이나

• '이스페르기루스·니가'나 '이스페르기루스·류큐엔시스'라고 부르는, 구연산을 내는 열대의 누룩곰팡이.

° 술 빚는 데 쓰는 발효제. 주로 밀로 만들며 거기에서 번식하여 많이를 만들어 띄운다. 누룩곰팡이와 효모가 들어 있다.

•• 일본 발효문화의 주축적인 존재. 누룩곰팡이, 포자를 배양하고 용도별로 골라 심하여, 곰팡이의 방대한 무리를 이룬다.

된장용 쌀누룩은 벼이삭이나 쌀에서 채취하지만,
아오가시마에서는 웬걸, 보리에 오오타니와타리를
씌워서 수분시키는 방식이 생겨났다. 조직이 두꺼운
잎의 섬유에 서식하는 흑국균(黑麴菌)이 보리로
옮겨와서 누룩을 발효시키는 것이다.(분화구 아래로
내려오기 힘든 분들은 수국 잎을 사용한 듯하다. 현재는
오오타니와타리뿐 아니라 전 해에 만든 누룩 일부를
종자로 사용하는, '요구르트 만드는 방식'을 사용하기도
한다.) 오오타니와타리는 발효의 스타터일 뿐 아니라
발효가 진전되면서 내는 열과 수분을 적당히 흡수하여
조정하는 역할도 한다. 귀한 기호품인 소주를 빚어
주는 오오타니와타리를 섬사람들은 소중하게 다루어
온 것이다.

아오츄 만드는 과정의 검은 누룩

누룩 다음은 모로미. 사흘쯤 걸려 온도와 습도를
조절하며 만든 누룩을,* 탱크 안에서 빗물**과 찐
고구마와 섞는다.

고구마 소주의 원조인 가고시마의 표준과도
같은 사쓰마 소주와 비교해 보자. 사쓰마 소주에서는,
모야시야가 배양한 종국을 쌀에 묻혀서 쌀누룩을
만들고 거기에 물과 같이 인공적으로 배양된 효모를
더하여 단술과 탁주의 중간쯤 되는 것을 만든다.
이어서 찐 고구마를 넣고 더 발효를 촉진하는, 두
단계의 빚는 방식이다.

이에 비해 아오지마 식의 고전적인 방법은
보리의 누룩을 처음부터 물과 고구마에 섞어서 일단
발효시키는 '돈부리'라는 스타일이다. 효모도 섬에
사는 야생 균이다. 바나나색 거품을 많이 내면서
'뿌꾸뿌꾸 슈와슈와' 하고 발효하는 아오츄의
모로미는 파인애플 같고 꽃꿀 같은 신비로운 향기가
나며, 강한 신맛과 약간의 쓴맛이 난다. 과일 향이
나고 어딘지 금속처럼 푸르스름하게 빛나는, 신비롭고
관능적인 풍미가 있다. 사람에 따라 호불호가 나뉠
듯하지만, 나는 아오츄의 풍미에 강하게 끌렸다.

마지막으로 증류기를 거친다. 모로미를 가열하고

• 통상 고구마 소주의 누룩
은 쌀이지만 아오지마에
서는 드물게 보리로 만든다.

•• 전통적으로는 나무 잎으로
항아리에 고인 것. 지금은 섬 전
체에서 빗물을 모아 걸러서 쓴다.

그 김을 기화시켜 알콜 성분을 추출한다.[•] 증류기
꼭지에서 처음으로 '뽀또… 뽀또…' 하고 나오는 액체는
'하나타레(初垂れ)'라고 하는데, 알콜 도수 60도가
넘는다. 모로미의 풍미가 농축된, 알콜도 풍미도
강렬한 증류주다. 한 모금 마셔 보니 소주에 대한
통념이 붕괴될 정도의 강렬한 향에 압도된다. 남국의
과일과 꽃 향기가 콧구멍을 넘어 눈 속까지 몰려와,
망막에 푸른 기가 도는 무지개색 극락조가 큰 무리를
지어 날아가는 듯한 환영이 떠오른다. 환상적인
증류주다.

    매우 신기한 야생균으로 빚는 아오츄.
기원은 사쓰마(가고시마현)로부터다. 19세기 중반,
밀무역으로 하치조지마에 유배왔던 사쓰마 상인
단소쇼우에몬(丹宗庄右衛門)이 자기 고장으로부터
소주에 알맞은 고구마 양조 및 증류 장치를 반입하여,
그 소주 제조 문화가 아오가시마에도 전해졌다고
한다. 하치조지마에 있는 단소쇼우에몬과 소주의
기념비에는 깊은 맛이 있는 에피소드가 적혀 있다.
19세기에는 자주 기근이 들었던 듯, 쌀로 소주 만드는
것이 금지되었다. 그런 때 사쓰마에서 소주 만드는

• 증류의 기본원리는 물과 알콜의 끓는점 차이로 물이 끓는점이 100도, 알콜은 78도.

아저씨가 와서 "쌀 없이도 고구마로 술을 만들 수 있습니다!"라고 하여 섬사람 모두가 환호했다고 한다. "드디어 영웅이 왔구나!" 하고 온 섬사람이 크게 기뻐했을 것이다.

아오가시마에서 고구마는 사람들의 생명선이다. 수원(水源)이 없어 빗물에 의존하는 땅에서는 벼농사가 불가능하다. 그런 가운데 고구마는 화산재에 묻힌 척박한 토양에서도 자라나는 귀중한 영양 공급원이었다. 집집마다 기르는 소를 몰고 밭을 갈면서 이랑도 매고 고랑도 쌓았다. 가을에서 봄까지는 보리를, 여름에서 가을까지는 고구마를 재배한다. 보리를 수확하면 저장해 두었다가 가을이 되면 먼저 주된 먹을거리인 고구마를 수확한다. 그리고 채 크지 못한 고구마와 줄기에서 떨어진 고구마를 보리로 만든 누룩과 섞어 소주를 만든다. 남은 고구마를 소에게 먹이고, 소주의 술지게미는 흙으로 돌려주어 비료로 쓴다.

정말 멋진 순환 구조다! 고구마와 보리와 소가 섬에서 빙빙 돌고 있다. 아오가시마의 가을이 주는 즐거움은 막 쪄낸 고구마를 입안 가득 넣고 아오츄를

꿀꺽꿀꺽 마시는 것이다. 노을 진 섬 하늘에 푸른
극락조가 날아간다.

☀

사아~ 사아~ 하는 소리는 해조음일까? 아니면
초목이 바람에 흔들리는 소리일까?

벽 한 면이 검은곰팡이로 덮인 양조장에서
귀를 기울인다. 이 소리는 탱크 안에서 들려오는
속삭임이다. 모로미 표면이 많은 거품으로 뒤덮여,
파도의 흐름처럼 거품이 아래위로 찰랑인다. 잘
들으면, 속삭임에 섞여 '뿟, 뿟' 하며 거품 터지는 소리.
여기에 액체가 흘러가는 소리가 어우러져 양조장
전체가 해조음의 콘서트장 같다.

섬에 깃든 생명이 솟구쳐오른다. "나를 마시라."며
유혹하는 소리에 귀 기울인다.

아오가시마에 있으면, 일본 땅에 살던 대부분
사람이 당연시했던 생활 방식과 세계관에 공감하며
추체험하는 일이 있다. 아오츄 양조가 오쿠야마
히카루 씨를 비롯하여 섬사람은 모두 일인다역,

맥가이버 같다. 항구와 도로를 정비하고, 소를
돌보고, 밭일을 하고, 소주를 만들고… 하며 새벽부터
해질녘까지 온갖 일을 한다. 물론 경제적인 문제도
있겠지만, 인구가 적은 외딴 섬에서는 한 사람이 몇
가지 일을 감당하지 않으면 전체가 제대로 돌아가지
않는다. 저마다의 일이 전문화되면 섬의 인프라는
망가지고 만다. 도시와는 사뭇 다른 방식이다. 한
사람이 몇 가지 역할을 하면 결과적으로 160명의
몇 배나 되는 손길로 사회가 필요로 하는 여러 가지
역할을 해낼 수 있다. 백성의 삶에는 작은 사회를
지속시키기 위한 나름의 지혜가 담겨 있다.

시간 개념과 자연을 대하는 마음가짐을 생각게
하는 에피소드가 있다. 소주 담그기가 끝나고 육지로
돌아가기로 한 날 아침. 눈을 뜨니 태풍급 강풍이
휘몰아친다. 히카리 씨가 말한다. "오늘은 헬기가 뜨지
않을 테니 히라쿠 씨, 잠시 돌아가죠."

저런! 내일 TV 프로그램 생방송 출연이
예정되어 있는데 낭패다…. 바람이 매서운 시기라
종종 배가 뜨지 않을 수 있는 데다가, 헬기 예약은
변경이 불가능하다. 섬에 여러 날 갇혀 돌아가지
못할 가능성이 높다. 불안하다. 많은 스태프와 예산이

움직이는 큰 이벤트가 차질이 생기면 사회적 신용마저 한순간에 잃어버린다…. 이런 생각에 연신 식은땀이 흘러내린다. 양조장 한쪽 높다란 곳에서 망연자실 바다를 바라본다. 조금 지나자 왠지 마음이 차분히 가라앉는다.

'사람의 형편(이나 사정) 따위, 하찮은 거다. 나는 자연의 형편에 따라서만 움직인다.'

파도가 높으니 어찌할 수 없다. 천둥이 치니까 어찌할 수 없다. 소주도 미생물의 형편에 따라서만 발효한다. 자기 생각대로 되어 즐거우면 그만이고, 생각대로 되지 않으면 느긋하게 낮잠이라도 자면 된다. '자기 형편'을 일단 제쳐두니 신기하게도 마음이 편해진다. 좋은 일에도 나쁜 일에도 동요하지 않게 된다. '자연의 형편'을 축으로 하면, 10분 20분을 필사적으로 긁어모으는 현대인의 시간 축이 하루~한 주~한 달로 느긋해져 간다. 자연의 형편 때문에 나아갈 수 없다면 지금은 움직여야 할 때가 아니었던 것이다. 하고 싶다고 생각한 것을 할 수 없게 되었다면 할 필요조차 없게 된 것이다. 그러니 '걱정하지 말라.'

바다를 보면서 그렇게 느긋하게 마음먹으며

편안해지니 어느새 소나기구름이 사라지고 푸른
하늘이 보였다. 섬사람이 놀랄 정도의 기적이
일어났다! 나는 현대 세계로 돌아올 수 있게 되었다.
'한숨 돌리긴 했지만, 돌아갈 수 없게 된 뒤의 세계도
보고 싶었다…'라는 아쉬움을 안고 헬기를 탔다.
하늘에서 보는 아오가시마는 모로미의 바다에 떠
있는 미생물의 기포 같았다. 자연의 뜻이 더해져
발효가 되고, 이윽고 먼 미래, 때가 오면 또 혼돈으로
돌아간다.

　　　나도 마찬가지다. 생각을 뛰어넘는 인연으로
어느 고장을 만나 그곳에서 누군가를 만나 함께
일하기도 하고 가족이 되기도 하여 '뽓, 뽓' 하며
삶의 기포를 일으킨다. 그리고 때가 오면 다시 흙과
물속으로 사라지고 없어져 간다. 그것이 언제일까?
그것이 언제가 되든 '적당한 때다'라고 생각할 수 있게
살아가고 싶다.

일본인,
그들은 무엇을
먹어 왔나

각 지역의 발효문화를 접해 보면 식재료의 다채로움에 놀랍니다.
미생물 외에도 다양한 식재료가 일본의 다채로운 발효문화를
뒷받침하고 있습니다. 이번 여행에 등장한 식재료들을 살펴볼까요?

물고기, 연체동물, 포유류

연어(홋카이도–야마쓰케)/ 도루묵(아키타현–숫쓰루,
이즈시)/ 메누케(미야기현–아자라)/ 정어리(치바현–
고마쓰케)/ 아지·날치(도쿄도 니이지마–쿠사야)/ 가
쓰오(시즈오카현–가쓰오부시, 시오가쓰오)/ 오징어
(도야마–구로즈쿠리)/ 복어(이시카와현–후구노코)/
고등어(후쿠이현–헤시코 나레즈시)/ 붕어(시가현–나
레즈시)/ 은어(기후현–나레즈시/오이타현–우루카)/
송어(돗토리현–감잎 스시)/ 밴댕이(오카야마현–마마
카리즈시)/ 삼치·전어 등(에히메현–이즈미야)/ 명태
(후쿠오카현–명란)/ 고래(사가현–마쓰우라즈케)

식물, 해조류

쌀(전국–누룩·나레즈시·청주·식초 등) / 콩(전국–된
장·간장·낫토·두부류 전반) / 보리[전국–간장·야키

①②(좌우) 이시카와현 미카와 아라요의 복어 난소 겨 절임.
③복어 난소 겨 절임 탱크 표면에 자라는 미생물. ④발효하는 샤쿠시나즈케.
⑤갓 뽑은 순무를 베어 먹는다. ⑥모리나라즈케의 클래식 나라즈케.
⑦센다이 논비리 사카바(술집) 니콜의 수제 아자라.

만주·쿠즈모치(갈분 떡) 등] / 밀(큐슈~외딴 섬―된
장·아오츄 등) / 고구마(큐슈~외딴 섬―센 당고·아오
츄 등) / 차(시코쿠―고이시차·아와반차) / 배추(미야
기현―아자라) / 오이(야마가타현―센지키우리) / 고추
(니가타현―간즈리) / 셋파쿠타이사이[雪白体菜, 사이
타마현―샤쿠시나(배추의 일종) 절임] / 깨소금(치바
현―정어리의 고마즈케) / 락교(도치기현―다마리즈케)
/ 슨키나(나가노현―슨키즈케) / 고슈 포도(야마나시
현―고슈 와인) / 붉은차조기(교토―시바즈케) / 외(나
라―나라즈케) / 가지(와카야마현―긴잔지 미소) / 모리
구치 무(오사카―모리구치즈케) / 감잎(돗토리현―감잎
스시) / 쓰다 순무(시마네현―쓰다 순무절임) / 타데아
이(도쿠시마현―쪽 염색) / 아카도 이모(구마모토현―
아카도즈케) / 키린사이(미야자키현―무카데노리) / 소
철(가고시마현 아마미 제도諸島―나리)

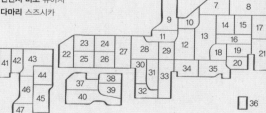

노쓰케
반도

야마쓰케

홋카이도

아키타현

하치모리

솟쓰루,
도루묵 스시

니이가타현

아이즈
와카마쓰

후쿠시마현

간즈리

사고하치쓰케

구로즈쿠리

묘코

이마이치

이미즈

다마리쓰케

도치기현

도야마현

제5장

북국으로 향하는 은빛 여정

호쿠리쿠, 도호쿠에서 북쪽으로

여행은 이동의 연속이다. 어느 곳에서 또 다른 곳으로. 여행지에서 머무르며 즐기는 것보다 이동하면서 즐기는 시간이 꽤나 많다. 어쩌면 목적지에 이르기까지의 무위(無爲)의 시간이 더 매력적으로 다가올 수 있다. 오늘날에도 그러한데, 근세 이전에는 오죽했으랴. 그야말로 여행의 대부분이었을 것이다.

험준한 산을 넘고, 질척거리는 습지를 헤치며 나아가고, 따가운 햇살과 살을 에는 눈보라에 맞서며 한 걸음 한 걸음 나아갔을 것이다. 그러다 어느 순간 멋진 풍광이 펼쳐지며, 상큼한 바람이 지칠 대로 지친 심신을 어루만져 준다. 여행자들은 가는 곳마다 결이 다른 텍스처를 받아들이고, 그 고장만이 지닌 바람의 흐름을 읽어냈다. 그야말로 계절이 바뀌는 것을 몸으로 느끼며 여행했다.

길은 여행자에게 세상의 이모저모를 가르쳐 주었다. 와카(和歌)에서 특정 고장의 이름을 노래한 것은, 수많은 여행자가 이동하며 겪은 우여곡절과 사연을 각자 마음속에 새기고 기억하는 행위로 볼 수 있다. 한마디로, 길을 걷는다는 것은 옛사람들의 감각을 체험하는 것이다.

이 여행을 나설 때, 나는 되도록이면 47개 도도부현을 효율적으로 돌기 위해 이동 시간이 가장 짧은 경로를 택했다. 하지만 새로운 경험은 처음 생각했던 계획을 바꾸게 하기도 한다. 도치기현 닛코 이마이치(今市)에서 후쿠시마의 아이즈와카마쓰(會津若松)로 가는 여로가 바로 그 계기였다.

닛코 이마이치는 닛코 도쇼궁(東照宮)에서 10킬로미터쯤 전에 있는, 가도(街道) 주변에 형성된 마을이다. 예부터 도쇼궁 참배 전에 머무는 역참 마을로, 도쇼궁과 에도(도쿠가와 막부), 나아가 도쿠가와 가문과 연관이 깊은 아이즈를 잇는 길목이기도 하다. 지금도 남아 있는 닛코가도와 레이헤이시(例幣使)가도*에는 거대한 삼나무가 늘어서서 근세부터 교통 요지였음을 말해준다.

이 이마이치에 다마리쓰케(たまり漬)라는 발효음식이 있다. 된장의 부산물인 다마리에 채소를 담근 것으로, 원래는 지역 농가 사람들이

• 도쿠가와 이에야스가 닛코산에 옮겨져 훈장 뒤 교토 조정에서 매년 닛코 도쇼구에 칙사를 보냈는데, 그 칙사가 지나가는 가도는 사이쿄쿠(西國) 다이묘의 참배 길도 되어 북적였다.

손으로 만들었다. 이마이치에서 4백 년 넘은 상점인
가미자와(上澤) 집안이 향토 특산물로 2차대전 후
팔기 시작했다. 이 다마리쓰케의 원조인 가미자와
우메타로(上澤梅太郎) 상점에 전화를 했다. 이게 웬
일! 내 여정을 알고 있었던 듯, 사장님과 그 아드님이
양조장을 안내해 주었다.

닛코미소의 다마리쓰케

가미자와 집안은 원래 도쇼궁 신사의
영지(領地)였던 닛코의 쌀을 관리하는 쇼야(庄屋)°로
창업하여 된장과 간장 등을 만드는 명가로 자리잡아
갔다. 그리고 2차대전 후, 가미자와 집안 중흥의 시조
우메타로가 최신 양조학을 도입하고 개발한 것이
고장의 전통을 토대로 한 다마리쓰케였다. 된장을
만들고 남은 다마리에 담근 것뿐인데, 나라쓰케처럼

몇 번이고 바탕의 재료를 바꾸며 맛에 풍미를 더하여
부가가치가 높은 고급품으로 만들었다. '닛코미소의
다마리쓰케'로 브랜딩해 내어놓았더니 관광객은 물론
시장의 반응이 뜨거웠다. 이후 도치기현 밖에서도
향토 명물이 되며 오늘에 이른다. 이 '다마리쓰케'는
닛코 명물 락교로 만든 것이 가장 인기로, 풍부한
감칠맛과 락교의 새큼한 맛이 절묘하게 조화를 이루어
밥도둑이 따로 없을 정도다.

　　게다가 세련된 포장은 특산물에 날개를 달게
했다. 가미자와 집안은 늘 시류를 읽고 대처하며
번창한 상인 집안이다. 물론 그 밑바탕에는 사람들이
북적이는 지역의 이점도 큰몫을 했다.

　　"오늘은 어디서 묵으십니까? 정해지지 않았으면
숙소를 소개해 드리지요."

　　양조장 안내를 마친 사장님이 정색하며 물어왔다.
오늘 밤은 동쪽으로 이웃한 이바라키현으로 가려
했지만, 이마이치의 거리 풍광에 빠져들어 그만
생각이 바뀌었다. 목적지만 둘러보고 '아, 다음!' 하며
발걸음을 옮기는 것은 운치가 없다. 매력적이고
유서 깊은 고장이라면 그곳 숙소에 묵으며 고풍스런

이자카야 카운터에서 단골손님들과 말을 섞으며
술잔을 기울이는 멋은 어떤가? 이런저런 사연이 깃든
곳을 거닐며 그곳에 켜켜이 쌓여간 역사를 느껴보는
것은 또 얼마나 멋진가?

이마이치에서의 뜻깊고 아름다운 밤은 두고두고
가슴에 남는다. 선술집 단골손님들은 닛코를 너무너무
사랑한다. 이곳 역사와 전통과 자연과 풍광에 대해
훤히 꿰고 있다. 거리를 걷다 보면 닛코를 중심으로
에도, 간토 북쪽 지역, 도호쿠 지방의 지리가 한눈에
들어온다. 그만큼 이 지역에서만큼은 닛코를 축으로
세상이 돌아가는 듯하다.

나는 이마이치에서 아이즈와카마쓰로
산을 통과하는 경로에 관심이 컸다. 이 길은
에도시대에 아이즈니시(會津西) 가도로 정비되어
현재는 기누가와선(鬼怒川線)·아이즈 철도가
시모이마이치(下今市)~아이즈와카마쓰 간 백 킬로미터
남짓한 곳을 잇는다. 산간 지방을 구불구불 지나
아이즈와카마쓰로 향하는 선로! 철도 마니아가
아니라도 가슴 설레게 하는 낭만의 코스다….

당연히 목적지를 후쿠시마현 아이즈와카마쓰로
바꾸었다. 3시간 넘게 걸리는 로컬 완행열차면

어떤가? 시속 30~40킬로미터로 달리며 창밖으로
펼쳐지는 초겨울 풍정(風情)과 늦가을 산자락이
자아내는 경관은 아름답기 그지없다. 도치기현
기누가와를 따라서는 단풍이, 그리고 아이즈 쪽으로
접어들면 드문드문 설경이 시야에 들어온다. 중세에
닦은 길은 당시 형편상 반듯하고 곧게 할 수 있는
기술이 없어서 산과 강가를 따라 구불구불 돌아서
간다. 답답하다고도 느낄 수 있지만, 한편으로 지세가
한눈에 들어온다. 게다가 몸이 체감하는 리듬에
맞게 열차가 느릿느릿 나아가기에 '아, 북쪽 지방에
들어섰구나', '아이즈 분지로구나!'하고 지역이 바뀌어
감을 온몸으로 느낄 수 있었다.

　　앞서 이야기한 '길이 가르쳐주는 것'이란 결국
이런 것이 아닐까. 이후 나는 '가능한 한 예전 사람들이
이동하던 경로를 이용한다'라는 나름의 룰을 정하기로
했다.

　　먼동이 트기 직전. 어둠 속에서 서서히
아이즈와카마쓰 거리가 윤곽을 드러내기 시작한다.
차디찬 겨울의 질감이 거리에 내려앉아 있다.
숙소 위층에서 내려다보이는 거리는 살포시 눈을

뒤집어쓰고 있다. 떠오르는 해 저편으로 보이는 것은 반다이산(磐梯山)일까. 그 바로 앞쪽 공장에서 연기가 하늘하늘 피어오른다. 이곳 아이즈와카마쓰도 이마이치와 마찬가지로 거리 모습이 수백 년 역사를 말하려는 듯 고풍스럽다. 에도에서 북쪽으로 뻗어 있는 간토 지방의 종착지이면서 도호쿠 지방으로 들어서는 관문이기도 하다.

에도와 닛코가 인연이 깊은 것은 아이즈 번의 조상 마쓰다이라(松平) 가문이 도쿠가와 집안 출신이기 때문이다. 그래서 에도시대에는 도쿠가와 막부의 비호 아래 번창했지만, 막부 말기에는 신정부군과의 치열한 전투에서 패하면서 나락의 길을 걷는다. 이 일대는 막부 말기의 역사를 좋아하는 사람들에게는 친숙한 곳일 터다.(뱍코타이白虎隊° 등) 역사에 특별히 관심 있는 사람들과 인연이 있는 아이즈와카마쓰는 발효에 유난히 관심이 많은 사람에게 인연이 깊은 곳이다. 일본 굴지의 명주(銘酒)가 모이는 니혼슈의 거리고, 술의 바탕이 되는 누룩을 만드는 코우지야(麴屋)도 많이 남아 있는 누룩 동네인 것이다.

"아이즈와카마쓰에서 방문한 곳은 이

○1868년 보신(戊辰) 전쟁 때 번사(藩士)의 자제들로 구성된 부대. 신정부군과의 전투에서 패하고, 시가지의 화재를 아이즈성의 함락으로 오인하여 이이모리(飯盛) 산에서 자결했다.

마을에서 손꼽히는 코우지야의 교본과도 같은
곳이다!"라고 말하고 싶을 정도의 이시바시(石橋)
코우지야. 이곳에는 사고하치(三五八)라는, 누룩을
사용한 쓰케모노가 있다. 사고하치쓰케는 소금 3:
쌀 5: 쌀누룩 8의 비율로 섞어 쓰케도코를 만들고
거기에 주로 채소를 담가 두는˙ '누룩절임'의
대표격이다. 누카쓰케˚나 소금누룩절임보다 단맛과
감칠맛이 강한 사고하치쓰케는 아이즈 사람들의
대표적인 발효식품으로, 대개 수작업으로 만들며,
오차우케(お茶請け)°°와 밥반찬으로 귀하게 여겨진다.
누카쓰케처럼 계속 살펴 가는 게 아니라, 몇 번이고
담그면 도코를 바꿔버리게 되니 손질도 간단하다.
그리고 단순한 소금누룩절임보다 깊은 맛, 내공이
깃든 맛이 난다. 채소는 물론 생선과 고기를 절여도
깜짝 놀랄 정도로 맛이 부드러워진다. 지역의 쌀
생산도 풍부하고 재력도 갖췄으니, 닛코 등지를 통해
간토 지역과도 교역이 활발했다. 아이즈만의 화려하고
맛깔스러운 쓰케모노가 등장한 것이다.

　게다가! 이시바시 코우지야에서는 사고하치의
원료가 되는 누룩을 코우지부타(麴蓋)˙˙에서
만든다. 일반적으로 조미료와 술 만드는 데 쓰는

• 누카도코처럼 나무통에 담그는 것이
아니라, 밀폐한 주머니 등에 소량의 도
코와 식재를 담그는 손쉬운 방법이다.

○ 소금겨나 겨된장에 담그다.

○○ 차 마실 때 곁들이는
과자나 간단한 채소절임.

•• 바닥이 얕은 나무상자.
전통적인 누룩 만들기에
빠져서는 안 되는 도구다.

누룩은 바닥이 깊은 커다란 상자(누룩상자)나 훨씬
큰 풀(코우지도코)에서 수백 킬로그램의 누룩을
효율적으로 만든다. 그렇지만 한 상자에 1킬로그램이
채 들어가지 않는 얇고 작은 코우지부타에서 누룩을
만들면 누룩곰팡이가 내는 열이 안으로 스며들기
어려워, 고르게 질이 높아지며 맛있는 누룩이 된다.
엄청난 수의 코우지부타를 열이 적당히 빠져나가도록
젠가(Jenga)처럼 번갈아 쌓으며 만들기에 꽤 손이
많이 간다. 그러나 상자가 가벼워서 아낙네나 연로한
분들도 다루기 쉽다. 가족이 경영하는 소규모
양조장에게는 합리적일 것이다.

　　양조장에 딸린 직매장에서 이시바시 씨와
이런저런 이야기를 나누는 중에도 누룩을 사 가려는
사람들이 연신 찾아온다. 이 지역에서 사고하치를
산다는 것은 완제품 쓰케모노가 아니라 쓰케도코의
밑재료인 누룩을 사는 것을 뜻한다. 어머니들은 물론
요리를 즐길 법한 아버지들도 "막 수확한 채소들을
담그려 했는데." 하고 반색하며 누룩을 집어 든다.
　　누룩을 만드는 행위에는 신용을 바탕으로 한
직인(職人) 문화가 깃들어 있으며, 그 고장에 오래도록

이시바시 코우지야의 누룩실

코우지부타에서 누룩을 만드는 모습

뿌리내린 수작업의 전통이 어려 있다. 아이즈의
거리에는 각기 개성이 존중되는 '누룩의 민주주의'가
지금도 남아 있다. '멋지다!'는 감탄이 절로 나온다.

작별 인사를 할 시간인데 주인장이 씨익
웃으며 "오늘 밤 한잔하러 갈 곳은 정해 뒀나요?"
하고는 지인의 선술집을 귀띔해 주었다. 인상적인
맛과 멋을 지닌 집이다! 그날 밤이 깊도록 나는
아이즈와카마쓰의 밤거리와 술자리에 다정하게
안겼다.

이젠 승용차로 여행하면서 이동하는 감각을 다시
느껴보고 싶었다. 이번에는 야마나시현의 우리 집에서
차를 타고 북쪽의 니혼카이(日本海)로 향했다. 목적지는
도야마(富山). '호쿠리쿠(北陸)° 지방 어패류 발효문화의
진수를 맛보러 간다!' 의욕이 넘치니 아침 일찍 나서는
기분도 상쾌했다. 두 시간 남짓 차를 몰았을까, 매서운
겨울 세례가 덮쳐 왔다. 예상은 했지만 당혹스러웠다.
집이 있는 고후(甲府) 분지에서 호쿠리쿠 쪽으로
가려면 우선 주오도(中央道)로 마쓰모토(松本)까지

간다. 여기까지는 룰루랄라다. 거기서부터 일반도로로
내려가서 길게 이어지는 히다·다카야마(飛驒·高山)의
고갯길을 빠져나간다.

한겨울에 접어들어 차도가 꽁꽁 얼어붙은 데다가
눈보라가 사정없이 휘몰아쳤다. 그야말로 시계(視界)
제로에 가까웠다. 오르막·내리막이 끊임없이 이어지고
굴곡마저 심하여 영락없는 지그재그 곡예 운전이다.
한순간 브레이크라도 밟는다면 빙글 돌며 절벽
아래로?… 식은땀을 훔치며 저단 기어로 엉금엉금
기다시피 하기를 한 시간 남짓, 고갯길 중간에 찻집이
보인다. 긴장의 끈이 풀리니 잠깐 쉬고 싶었다.
자그마한 산장의 예스러운 분위기가 퍽 인상적이다.

창밖으로 펼쳐진 설경을 바라보며 백 년 전
사람들의 여행길을 상상해 본다. 살을 에는 눈보라
속에 오리털 자켓도 고어텍스 신도 언감생심,
난방이 되는 자동차도 있을 리 없다. 사방 어디를
둘러봐도 설산뿐인데 삿갓에 의지한 채 한 발 한 발
눈보라를 헤쳐간다. 승용차도 시속 20~30킬로미터
정도밖에 낼 수 없으니, 걷거나 말을 탔다면 과연
얼마나 나아갔을까. 소요시간을 가늠하기 힘든 도로
사정과 추위 속에서 맞은편에 희미한 불빛이 보인다.

'온센야도'(溫泉宿, 온천여관)라니? 만세! 그럼 많은
것을 할 수 있겠군. 고갯길의 온천여관. 어째서 이런
궁벽한 곳에 오래된 온천마을이 있는 걸까? 훨씬
찾아가기 편리한 곳에 만들면 좋겠다고 생각하며 내내
신기해했는데, 여행자 몸이 되니 알겠다. 겨울에 산
넘기란 정말 힘들다. 예나 지금이나 결코 쉬운 일이
아니다!

　　히다·다카야마를 무사히 빠져나와 도야마의
평야 지대에 이르니 만에서 습하고 따사로운 바람이
불어온다. 진즈가와(神通川)를 따라 내려간다. 노도
반도의 육지에 붙은 부분을 도려낸 듯 도야마만이
나온다. 민물과 바닷물이 섞인 곳이 밀집되어 있으며,
산에서 몇 갈래로 하천이 흘러든다. 지도에서 언뜻
보아도 '엄청 맛있는 생선이 잡히겠네!' 하며 군침이
흐른다.

　　도야마에서 서쪽으로 20분쯤 만을 따라가니
예부터 번성했던 항구도시 이미즈(射水市)
신미나토(新湊)에 다다른다. 도야마만이라는

커다란 후미 속에 더 작은 후미가 만들어진, 후미의
마트료시카 인형 같은 구조의 신미나토 항구에서는
작은 흰 새우와 바다참게, 복어와 방어 등 '이거야말로
호쿠리쿠다!' 싶은 어패류가 잡힌다. 정오가
지났는데도 경매가 이어질 만큼 활황이다.

이미즈를 비롯하여 도야마 만 일대에는
'구로즈쿠리(黑作り)'라는, 오징어 먹물을 이용한
새까만 젓갈이 있다. 구로즈쿠리 만드는 곳을
둘러보러 신미나토 항구에서 가까운 교키치(京吉)라는
식품 가공회사를 방문했다. 에도시대부터 어업과
해산물 가공업을 가업으로 이어온 사장 교야(京谷)
씨가 나를 맞이한다. 여기서는 도야마 만에서 잡히는

도야마 만 일대에서 만드는 구로즈쿠리

스루메 오징어로 구로즈쿠리를 만든다.* 만드는 법은
대략 이렇다.

- 오징어 몸체와 내장을 소금에 절여 하룻밤 재운다.
- 소금에 절인 몸체를 씻어서 물기를 빼고 가늘게 썬다.
- 가늘게 썬 오징어를 미린과 소금 등을 더한 조미액에 한
  동안 담가 둔다.**
- 먹물을 오징어 토막과 섞어서 며칠간 숙성한다.

완성된 것은 칠(漆)처럼 윤기가 흐르고 검은
광택이 나는 젓갈이다. 짠맛이 먼저 다가오는
일반적인 오징어젓과 달리 아미노산이 응집된 듯한
묵직한 감칠맛이 풍부하다. 입에 넣는 순간 "아,
맛있다! 도야마에서밖에 맛볼 수 없는 게 아쉽네!"
하고 나도 모르게 소리치고 말았다.

이 묵직한 감칠맛의 구로즈쿠리. 그 유래를 교야
씨에게 물어보니 이런 설명이 이어진다.

"에도시대에 가가 번주(加賀藩主)°가 주도하여
만든 레시피라고 생각합니다. 향토 특산물을 만들려던
번주가 나가사키의 데지마(出島)로 시찰단을 보내
그곳에서 오징어 먹물을 사용한 요리를 눈여겨본 후

• 도야마 명물 호타루이카로 구
로즈쿠리를 만드는 곳도 있다.

•• 이 레시피에 제조 현장
이나 점집마다 고유의 비
법도는 특징이 반영된다.

° 가가 번은 오늘날 이
시카와현 남부 일대.

만든 것이라는데, 대륙과 지중해 식문화의 영향을
받은 것인지도 모릅니다."

　아, 그럼 오징어 먹물 리조또 같은 것 말인가?

　"가가 번은 특산품에 유독 관심을 뒀는지, 바깥
문화를 들여와서 맛깔난 것을 만든 듯하네요." 역사를
좋아하는 교야 씨가 말한다. 호쿠리쿠와 큐슈는 꽤
멀지 않나 했지만, 니혼카이를 지나며 파도 흐름을 탈
수 있으면 의외로 편하게 오갈 수 있었을지도 모른다.
몇백 년이나 지난 옛이야기여서 어디까지가 참말인지
모르지만, 낭만이 물씬 깃든 이야기다.

　구로즈쿠리는 짙은 질감의 감칠맛 나는
도야마 지방 니혼슈와도 잘 어울리고, 산미 나는
레드와인과도 궁합이 맞는 만능 술안주다. 이탈리아나
스페인식 바(bar)에서도 귀하게 대접받을 듯한, 향토
음식의 틀을 넘어 더욱 사랑받을 수 있는 글로벌한
음식이 아닐까?

　땅도 하늘도 온통 새하얗다. 눈부시게 펼쳐진
은백(銀白)의 평야로 나서며 차창을 활짝 열고 외쳤다.

"춥다! 하얗다! 최고다!"

　　다음 날 아침, 이미즈에서 니혼카이를 따라
니가타 쪽으로 차를 몰았다. 다음 목적지는 묘코(妙高).
활짝 갠 바다에 면한 도로를 따라 동쪽으로
틀면서 조에쓰(上越) 부근에서 내륙으로 들어가니
갑자기 눈발이 흩날린다. 묘코는 나가노현 북단
이이야마(飯山)에 바싹 붙은 곳으로, 눈이 많이 내리는
지역이다. 나름의 정취 어린 아이즈와카마쓰의 살폿한
눈과 달리 들판도 산간도 집들도 온통 뒤덮인 은빛의
세계로, 사방팔방에서 건조한 산바람이 불어온다.
조금 전에 떠났던, 눈 내릴 기미조차 없던 습한 도야마
만과는 전혀 다른 세계다. 이 백설의 세계가 여름에는
초록의 바다를 이루겠지. 끝없는 평원이 이어지는
미국의 고속도로처럼 똑바로 뻗은 농로를 달리면서
마른 눈이 빚어내는 명징함에 온몸을 담그고 싶었다.
영하 5도 이하, 사방은 더욱 맑고 건조하다. 내 입술을
빠져나온 숨결도, 운전대 앞 유리창도 눈 깜짝할
사이에 희부옇게 되어 간다.

　　묘코에는 '간즈리'라는, 이곳 특유의
발효식품이 있다. 고추를 눈밭에 늘어놓아 햇볕을

쐰 뒤 나무통(다루, 樽)에 담가 3년 정도 발효시킨,
눈의 고장만이 낼 수 있는 발효 조미료다.
매년 대한(大寒)부터 눈밭에 고추를 뿌려가는
'유키사라시(雪さらし)' 작업이 묘코의 겨울
풍물시(風物詩)다. 내가 찾았을 때도 이 고장 사람들이
빼곡이 모여들 만큼 마을 축제 분위기였다.

유키사라시는 여름에서 가을에 걸쳐 수확한 뒤
소금물에 살짝 절여 부드럽게 한, 손바닥만 한 큼직한
고추를 눈 덮인 밭이랑에 툭 툭 던져서 깔듯이 한다.
얼핏 단순해 보이지만, 눈 덮인 이랑에서 흑백의
푹신한 옷을 껴입은 여자들이 파란 바구니 속 빨간
고추를 휘이 휘이 뿌리는 모습을 상상해 보자. 온
세상이 하양, 검정, 파랑, 빨강만 존재하는 것 같다.
동화의 나라에서 소인들이 행하는 의식처럼 경건하고
신비스럽기까지 하다.

왜 이렇게 만드는 방법이 생겨난 걸까? 묘코에서
간즈리를 만드는 거의 유일한 업체인 유한회사
간즈리의 도죠 사장에게 물어본다.

"원래는 고추의 소금절임 같은 것이었습니다만,
추운 계절에 집 처마 끝에 달려 있던 것이 간간이
땅에 떨어져 그대로 눈에 묻혀버린 것 같습니다.

간즈리 만들 때, 고추를 눈 위에 뿌린다

그걸 주워서 맛을 보니 부드러워진 것은 물론 의외로
쓴맛이 적고 떫은맛도 없어졌더군요.”

　　한마디로 우연이 빚어낸 이 고장 특산물인
것이다. 다음은 간즈리 만드는 법이다.

- 여름~가을에 수확한 고추를 한두 달쯤 소금에 절인다.
- 부드러워진 고추를 며칠 동안 눈 위에 뿌려 둔다.
- 그 고추를 유자와 누룩, 소금과 섞어서 나무통에 담가 2
  년쯤 발효 · 숙성시킨다.
- 3년째 겨울에, 용기째로 양조장 밖에 내다 놓고 식힌다.
- 페이스트 상태의 조미료로 출하한다.

　　첫머리만으로도 엄청난 수고가 필요하다….
이토록 공들여 만드는 간즈리의 페이스트는
그야말로 울트라매지컬한 조미료다. 고추의 매운맛을
‘부드러움×감칠맛×약간의 단맛’으로 이루어진
호송선단(護送船團)이 에워싼 듯하다. 유자와 후추를
곁들인 냄비요리에 넣거나 소바에 곁들여도 좋지만,
구운 고기에 얹어도 맛깔스럽다. 주방에서 감초 같은
역할을 하는 요긴한 조미료니, 효율로 보자면 단연
으뜸이다.

북쪽 니혼카이로 향하는 여행의 끝은 아키타현 하치모리(八森). 야마가타현과 경계를 이루는 쵸카이산(鳥海山)을 지나고 아키타를 지나 해안을 따라 더 북쪽으로 올라가니 아오모리현과 어깨를 맞댄 항구마을이다. 부드러운 표정의 도야마 만과 달리 거칠고 울퉁불퉁한 해안선이 이어진다. 이번 여행에서는 가는 곳마다 '어, 여기, 어디지?'라며 자못 궁금해지곤 했는데, 하치모리 항은 외딴 바닷가 느낌이 물씬해 썩 감겨오지 않는다. 잿빛 감도는 푸른 하늘에 둔탁한 색조로 넘실대는 파도. 항구를 감싼 분위기가 적적하고 무겁다. 경쾌한 세토 내해는 J팝, 차분한 도야마 만은 재즈, 그리고 그레이 톤인 적막한 아키타의 바다는… 엔카!

이 항구에서 하타하타(도루묵)를 잡아 올리는 현장을 보고 싶었다. 도루묵은 한자로 '신'(鰰, 신의 물고기)이라고 쓰는데, 아키타현 사람들의 정신을 상징하는 물고기다. 한겨울 어느 땐가 갑자기 떼로 몰려오는 도루묵을 기가 막힌 타이밍에 낚아채는 것이다. 그야말로 또 하나의 계절이 왔음을 상징한다.

어느 고장이든 명물로 손꼽히는 물고기는 도루묵처럼
한정된 시기에 생각지 않게 엄청난 양으로 잡히는
'제철의 것'이어서 한 번에 먹을 수 없다. 게다가
어패류는 내버려 두면 이내 썩어버리기 일쑤다.
그래서 보존기술이 발달할 수밖에 없으니, 발효문화는
여기서 태어나게 마련이다.

하치모리 항의 제방에는 낚싯대를 쥔 아저씨
아주머니들이 전깃줄에 모여 앉은 참새처럼 늘어서서
도루묵 낚시 삼매경이다. 발밑의 냉장 상자엔
도루묵이 넘쳐난다! 그렇다. 하치모리 명물 '도루묵의

숏쓰루의 재료인 도루묵을 손질한다

열기'가 시작된 것이다. 항구 바로 옆의 작은 집에서는
이 지역 어머니회가 '숏쓰루'를 담그기 시작한 참이다.
도루묵이 한창 잡힐 때, 한 해에 하루밖에 없는 귀한 날
함께할 수 있다니! 행운이다.

어머니들이 만드는 숏쓰루는 도루묵으로 만드는
진귀한 어장(魚醬)이다. 작은 물고기와 아미(보리새우
등)를 우선 소금에 가라앉힌다. 염분에 따른
삼투압과 미생물이나 물고기 자체의 효소 작용으로
흐물흐물해지도록 녹여 낸다. 그 후 위에 뜨는 감칠맛
나는 맑은 액체를 거른 것이다. 와인 등과 더불어
인류 문명의 여명기에 태어났을 원초적인 조미료*다.
곡물로 만든 간장과는 다른, 구운 생선 같은 고소함과
섹시한 감칠맛이 일품이다.

숏쓰루는 정어리로 만드는 어장보다 약간
담백하고 질감이 부드럽지만 아키타현 사람들의
입맛에 맞췄는지 짜디짜다. 다시마로 낸 국물에 잘
어울릴 듯한 맛이다. 숏쓰루는 냄비요리에 넣기도
하고 구운 도루묵에 얹기도 한다. 그야말로 아키타현
사람들의 기본 조미료인 셈이다. '사시스세소'°의
'시'는 시오(塩, 소금)가 아니라 '숏쓰루'라 해도 과언이
아니다!

● 동남아시아에서 손꼽히는 기본적인 조미료도, 베트남의 느억맘, 태국의 남플라가 친숙하다. 주로 가타구치이와시(멸치나 정어리의 일종)를 소금에 절여 흐물흐물해지게 한다. 이탈리아의 앤초비도 원리는 마찬가지다. 이것들은 위에 뜨는 액체가 아니라 육질을 먹는다.

작업 현장인 조그만 건물에 들어가니 특이한
열기가 감돈다. 예순 줄을 넘은 듯한 어머니들이
도루묵을 씻고, 나르고, 무게를 달고, 큰 용기에 담아서
소금에 절이고 있다. 거의 모두가 말이 없는데, 그
예리한 눈빛과 재빠른 몸놀림이 '도루묵의 황홀경'에
빠져 있음을 말해준다. 일 년에 한 번 있는 축제 같은
모습이다. 하치모리의 어머니들은 뭔가에 사로잡힌
듯이 숏쓰루를 담근다!

그런 열정에 찬 분위기에서 나도 잠깐 짬을
내어 본다. 인상이 후덕한 한 아주머니에게 다가가
숏쓰루 만드는 법을 묻는다. 기본은 이렇다. 도루묵의
내장과 대가리를 떼지 않고 통째로 씻어 소금에
절인다. 20센티미터 정도의 도루묵이 소금에 절여진
채 반 년에서 일 년쯤 지나면 껍질도 내장도 몸통도
온데간데없다. 매혹적인 짙은 밤색 발효액만 보일
뿐이다. 용기 바닥을 국자로 휘저으면 잔뼈가
수북하다. 자칫하면 악취가 진동하니 한 달에 한
번꼴로 저어준다. 깊은 맛이 날 만큼 가라앉으면
걸러주면 된다.(상품으로 내보낼 때는 히이레火入れ*하여
발효를 멈추게 한다.) 이거야말로 로컬 발효의
오리지널이 아닐까? 미생물의 위대한 힘을 느끼게

○ 5음도에서 사(さ) 행(行)인 「さ」「し」「す」「せ」「そ」의 음을 따라 일본 요리의 기본 조미료 5종류를 나타낸 말. 이 순서로 사용하면 요리가 맛있어진다고 한다. 「さ」는 설탕(さとう砂糖), 「し」는 소금, 「す」는 식초(酢), 「せ」는 간장(しょうゆ), 「そ」는 된장(みそ味噌)을 가리킨다.

● 가열 처리하는 것으로, 미생물과 효소의 작용을 모두 제어하여 품질 변화를 막는다.

하는 단순하면서도 소박한 발효문화가 아닐까?

✳

숏쓰루 만드는 현장을 제대로 본 김에, 또 하나의
작업을 보고 싶었다. 하치모리 우체국에서 근무했다는
호시바(干場) 씨 집에 들렀다. 지인의 소개로 별도의
약속 없이 찾아갔는데 내외가 따뜻하게 맞아 주었다.
아키타 지방은 어느 집이나 훌륭한 목조 가옥이어서
처음 온 손님도 마음이 편안해진다. 넓은 입구를
지나자 높다란 천장과 다다미방이 손님을 반긴다.
마루에는 자연스러운 무구재(無垢材)°가 깔려 있다.
'이런 데서 한번 살아보면 두 번 다시 도심으로 돌아갈
수 없겠다!'라는 느낌이 든다. 집 구석구석, 면면이
모두 정겹다. 목재 산업이 성하고 인구밀도에서도
여유가 있으니 그럴 수도 있겠다!

이렇게 멋있는 호시바 씨 집에서 도루묵으로
'이즈시'* 만드는 모습을 보았다. 이 도루묵 스시도
넓게 보면 나레즈시의 일종이다. 단, 시가현의 붕어
나레즈시와 달리 쌀과 별도로 누룩도 쓰며, 제법 손이
가는 향토 스시다.

° 천연 나무 그대로를 낡
직한 판으로 가공한 것.

• 도호쿠~호쿠리쿠 일대에서 만드는 나레즈시의 일종.
소금과 쌀과 물고기만으로 담그는 시푸의 나레즈시와
달리 누룩과 채소를 넣어 절이는 것도 많다.

- 도루묵을 하루 동안 소금에 절여 둔다.

- 소금에 절인 것을 씻어서 식초에 절인다.

- 식초에 절인 것을 꺼내서 누룩, 밥, 잘게 썬 당근과 생강 등과 섞어서 나무통에 담근다.

- 2주 정도 발효시킨 뒤 꺼내서 누룩과 밥알째 먹는다.

하치모리의 도루묵 스시

레시피를 듣기만 해도 군침이 돈다. '아, 이건 틀림없이 맛있는 거다!'라는 생각에 미소가 절로 나온다. 나무통에서 막 꺼낸 도루묵 스시를 입에 넣는 순간, 이럴 수가! 나레즈시에 으레 따라다니는 비린내와 소금겨(겨된장)에 절인, 불협화음과 거친 맛이 없다. 부드러우면서도 달고 감칠맛 나는, 품격 있는 산미가 넌지시 느껴진다. 오, 엘레간트!… 내가 아는 한 가장 기품 있는 나레즈시다!

"누룩과 절일 때 설탕을 넣는 집도 많지만, 저희는
맛을 내기 위해 미린을 조금 쓰는 정도입니다. 누룩의
단맛을 나게 하는 걸 좋아하죠."

호시바 씨 부부도 즐거워한다. 도루묵 이즈시는,
바닷가 어패류 문화와 내륙 전원지대의 누룩 문화가
멋지게 어우러진 아키타현의 발효음식 가운데 단연
손꼽히는 것이다. 상쾌하고 깔끔한 맛의 아키타 지방
사케와 곁들이면 그야말로 도루묵 천국이다!

니혼카이를 따라 북쪽으로 계속 올라가는
여행의 종착지는 홋카이도의 시베쓰초(標津町).
도동(道東, 홋카이도 동부 일대) 지역 맨 끝으로,
북방 영토 쿠나시리(国後島)가 코앞에 있다. 묘코와
하치모리에서도 대단히 추웠지만 이곳 추위는 차원이
다르다. 밤에는 영하 20도 아래로 내려가기 일쑤고,
숨 쉬는 것만으로도 폐가 얼어붙는 듯하다. 약간만
바람이 스쳐도 귓불이 떨어질 것 같다.

이런 시베쓰에서 연어의 발효음식을 만나고

싶었다. 이곳은 조몬시대부터 연어잡이를 한 흔적이 남아 있는 연어의 땅이고, 지금도 연어는 신뢰받는 시베쓰 산(産) 브랜드의 상징이다. 이곳은 연어와 함께 살아왔고 앞으로도 살아갈 항구마을이다.

시베쓰를 이야기하려면 먼저 연어의 생태를 설명해야 한다. 시베쓰에서 주로 잡히는 것은 시로자케(白鮭). 강에서 태어나 바다에서 자라고 강으로 돌아와서 알을 낳는다. 시베쓰에서는 여러 갈래의 좁다란 강이 바다로 흘러드는데, 가을 산란기가 되면 연어가 이곳으로 돌아온다.

조몬시대를 상상해 본다. 수렵이나 채집으로 이동 생활을 하던 조몬인들이 가을이 되면 약속이나 한 듯이 이곳 시베쓰로 모여든다. 강변에서 진을 치면서, 강을 거슬러 올라가 산란을 마친 연어 떼를 샅샅이 잡아댄다. 그리하여 겨울에 대비하기 위한 귀중한 단백질원으로 삼았을 것이다. 그렇다. 단기간에 대량으로 잡히는 물고기라면 반드시 '어떻게 보존하느냐 하는 문제'가 따르게 마련이다. 거기에는 필시 홋카이도다운 발효기술이 있을 터다…! 도동 지역의 지인 T군과 조사하는 가운데 발견한 것이 '야마쓰케'라는 연어 가공품이다.

발걸음이 향한 곳은 시베쓰의 어업협동조합.
인구 5천 명가량의 작은 마을에 어울리지 않을 정도로
거대한 창고가 늘어선 대규모 항구에 있다. 여기서
야마쓰케 제조 현장을 둘러보게 되었다.

- 연어 아가미와 내장을 제거하고 잘 씻어 물기를 뺀다.
- 표면과 배를 가른 안쪽에 소금을 잘 문지른다.
- 소금에 절인 연어를 여러 단 쌓아서 상자에 넣고, 그 위
  에 누름돌을 올려놓는다.
- 수일에서 열흘 정도 누름돌과 소금으로 수분을 없애며
  숙성시킨다.
- 소금을 씻어낸 연어를 매달아 말리며 완성한다.

연어 야마쓰케

야마쓰케 만드는 전통적인 방법은 이렇다.(어부나 업체에 따라 다소 차이가 있다.) 연어를 산처럼 쌓아서 담그는지라 '야마쓰케'라고 불린 듯하다. 연어의 비린내가 사라지고, 풍미가 극도로 농축되며, 살도 적당히 단단해져 식자재로서의 격이 높아진다. 완성된 야마쓰케는 몸체를 둥글게 썰어서 먹는다. 대체로 구워서 먹지만, 옛날에는 햄처럼 저며서 날것으로 씹어먹은 듯하다.

"옛날이라면 언제쯤을 말할까?"

그건 확실치 않다. 야마쓰케의 역사는 에도시대, 아이누족과 일본 본토 사람들이 만났을 무렵으로 거슬러 올라간다.

야마쓰케의 기원을 알아보려고 시베쓰초 역사민속자료관을 방문했다. 흥미로운 병풍화가 눈에 띈다. 에도시대 후기 모습일 것이다. 민족의상을 차려입은 아이누족인 듯한 사람들과 일본 전통 복장의 사람들이 뒤섞여 시베쓰강을 올라오는 연어를 잡고 있다. 집 앞 광장에서 그들은 화기애애한 표정으로 일하고 있다. 집 안에서의 모습은 더 인상적이다.
산처럼 쌓인 연어로 함께 야마쓰케를 담그고 있는 게
아닌가!

"시베쓰는 메이지 정부에 의한 본격적인 개척이
시작되기 전 여명기에 아이누족과 일본인이 접촉한
요충지의 하나였습니다."

자료관 학예사 오노 씨의 친절한 해설이
이어진다.

• 에도시대에 에조치 일대를 영유하고 교역권을 독점했다. 오미 상인과의 관계에 대해서는 152쪽을 참조.

18세기 말, 마쓰마에(松前) 번이• 관할하는 상인이
시베쓰에 어장을 열고 아이누 사람들을 노예처럼
혹사했다. 그 압정(壓政)을 견디다 못해 아이누의
반란이 일어난다. '쿠나시리·메나시의 전투.' 이것이
시베쓰 근대화의 시작이다. 그 후 아이누 사람들은
미묘한 입장에 놓이게 된다. 시베쓰와 북방 영토가
남하해 오는 러시아를 견제하기 위한 국방의 최전선이
되었기 때문이다.

그래서 러시아와의 긴장관계를 생각하면,
이미 그들과 교역하고 있던 아이누 사람들을
함부로 대해서는 안 되었다. 그래서 막부는 아이누
사람들에게 일본 동화 정책을 펴기 시작했다.
에도시대 말기의 일이다. 게다가 무도(無道)한

마쓰마에 번 대신 시베쓰를 감독하게 된 것이 아이즈 번이었다는데, 이게 웬일인가! 여기서 후쿠시마 아이쓰와카마쓰와 도동(道東) 시베쓰가 이어져 버린 것이다. 기막힌 인연이다!

여기서 이야기는 더욱 재미있어진다. 일본 동화 정책 차원에서 보내진 아이즈 번사(藩士) 난마 쓰나노리(南摩綱紀)는 '이건 말도 안 된다. 막부 말기 동란으로 번이 존망의 위기에 처했는데 이런 북쪽 변경으로 좌천돼 버리다니…' 하고 처음엔 한없이 의기소침해 있었다. 그러나 시베쓰의 풍부한 해산물과 아이누 사람들의 자연관이나 사고방식을 알고는 생각이 바뀐다. '시베쓰야말로 매력적인 곳이고, 아이누 사람들도 생각과 다르네…?' 시베쓰에서 은근히 아이즈 번의 재기(再起)도 생각했던 게 아닐까.

일본 동화 정책이라는 명목으로 보내져 오긴 했지만, 무사이며 교육자인 난마 쓰나노리는 아이누 사람들의 문화와 세계관에 깊이 공감한 듯하다.[*] 아이즈 번을 관할하던 시기, 일본인과 아이누인의 꽤나 우호적이었던 모습들이 이 병풍 속에 펼쳐진 것이다.

막부 말기, 쇠잔한 막부 측에 붙어야 했던 아이즈

• 상세한 것은 「知られざる幕府末期會津藩」(歷史春秋出版)에 실린 고바야시 오사무(小林修)의 해설 참조. 난마가 시베쓰로 가기 전후의 한소를 비교하면 심정의 변화를 읽을 수 있는데, 그는 노고 「문명의 설(說)」에서 아이누에 대한 이해와 공감을 얻은 듯했다.

번도 급격히 몰락해 갔다. 일본인과 아이누인의
밀월시대도 막을 내렸다. 그들의 관계가 전처럼
계속되었더라면 홋카이도와 아이누의 역사는 전혀
다른 길로 접어들었을지도 모른다.

닛코에서 아이즈로 넘어와 니혼카이를 따라
북상하여 도동의 시베쓰에 이르는 여정은 신비로운
인연으로 이어져 있었다.

야마쓰케는 아이누 사람들이 만들어온 연어 말린
것과 본토에서 넘어온 소금 문화가 합쳐져 생겨났을
것이다. 당시 농사와는 전혀 무관했던 도동 지역은
비타민C 부족으로 인한 질병으로 시달렸을 것이다.
날것으로도 생선을 맛있게 먹을 수 있는 야마쓰케는
비타민 섭취에 도움이 되었을 수도 있다.(아이누
사람들에게는 풍부한 약초 문화가 있어서, 일본인의
각기병을 위한 대책이었을 수도 있다.)

물고기를 날로 먹으면 익혀 먹을 때 비타민이
파괴되는 것을 막아주지만, 기생충과 병원균에
의한 식중독 위험도 있다. 내장을 제거하고 고농도
염분과 발효작용을 더한 야마쓰케는 영양이 풍부하고
감칠맛을 더하며 식중독 위험을 줄이는 효과도 있어,

당시 사람들의 지혜의 산물이라 생각한다.

　덧붙여 말하자면, 떼어낸 내장 가운데 신장을
소금에 절여 숙성시킨 것을 '메훈(めふん)'이라고 한다.
진귀한 맛을 즐기는 사람에게 잘 알려진 거무칙칙한
젓갈이다. 그리고 위(胃) 속의 내용물을 빼내고 썰어
소금에 절인 것을 '츄(ちゅう)'라고 한다. 내장으로 만든
젓갈같이 진기한 맛이며 나쁘지 않다. 연어 알젓도
소금으로 절인다. 탱탱한 식감으로 맛도 그만이다.
이렇듯 연어의 쓰임새가 다양하다는 말에 새삼
놀랐다. 이 알젓의 소금절임도 유산발효하고 있는
듯하다. 시베쓰의 연어는 통째로 발효되고 있다!

　시베쓰의 중심지에서 차로 10분 정도.
쿠나시리도(國後島) 쪽으로 코바늘처럼 돌출한
노쓰케(野付) 반도를 걸었다. 만이 온통 얼어붙어 '은빛
사막'이 끝 간 데 없이 펼쳐져 있다. 어디가 지평선이고
어디가 하늘 끝인지 알 수 없는, 새하얗고 투명한
세계만 존재하는 듯하다.
　수천 년 전부터 이곳에 살고 있던 민족이

훗카이도 시베츠 노부키 반도의 해변

있었다. 그리고 2백여 년 전, 이 은백의 땅에서 무한히
산출되는 것을 노리고 들어온 민족도 있었다. 눈앞에
보이는 바다 바로 맞은편에도, 눈과 얼음과 연어와
함께 살아온 민족이 있었다. 그들은 어디로 간 걸까?

은빛 사막 저편으로 사슴 떼가 달리고 있다.
먼바다에서 삐걱거리며 부서지고 이따금 울어대는
유빙(流氷) 소리가 희미하게 들려온다.

기타마에부네,
재패니즈 드림의 무대

발효문화의 자취를 추적하다 보면 여기저기서
'기타마에부네(北前船)'라는 키워드를 듣게 됩니다. 발효는 토속적인
것이면서 경제적 가치를 낳는 무역품이기도 했습니다. 오노미치의
식초(3장)에서 언급한 중세부터 근세에 걸친 일본의 해운 사정을
살펴봅시다.

니혼카이 북단에서 세토 내해를 이으며
서쪽으로 도는 항로

기타마에부네 바닷길은 '서쪽으로 도는 항로'라고도 부르며, 도
호쿠 지방에서 호쿠리쿠 지방을·거쳐 시모노세키 부근에서 세토
내해로 들어가 히로시마를 거쳐 오사카에 이릅니다. 일본 서쪽을
빙 도는 항로로, 중세 일본의 물류를 뒷받침했습니다.

오노미치의 경우는 아키타에서 쌀을 운반해 와서 식초로 가
공하고, 반대로 돌면서 그 식초를 니혼카이에 면한 지역에 팔았
습니다. 나가사키의 데지마에 수입된 견사(絹絲)를 오사카로 실
어 가고, 돌아오는 길에 전복 등의 고급 가공 식재료를 수출용으
로 운반하는 국제 항로도 있었던 듯합니다. 중요 포인트는 기항
지에서 상품을 바꾸어 싣는 것이었죠! 특정 물품을 일방적으로
나르는 게 아니라 짐을 내리고 빈 공간에 그 지역 특산품을 실으
며 새로운 비즈니스 기회를 가늠해 보는데, 바다는 상인들이 감
각과 센스를 겨루는 '재패니즈 드림'의 무대가 된 것입니다.

홋카이도 개척과 마쓰마에 번

에조치 개척이 진전된 에도시대 중기 이후, 홋카이도까지 무역로가 이어졌습니다. 이후 기타마에부네 문화는 한 차원 더 진화해 갔습니다. 특히 활약이 두드러진 것은 시가현의 오미(近江) 상인. 홋카이도 최남단 마쓰마에(松前)에 무역 거점을 만들고, 홋카이도 명물 다시마와 청어 등을 쌓아두었다가 혼슈 지방으로 보내 큰돈을 벌었습니다. 이때 오미 상인들의 홋카이도 지점인 마쓰마에 번이 시베쓰의 청어를 눈여겨보고 아이누 사람들을 노예처럼 혹사한 것입니다. 이 홋카이도 개척으로 더 많은 다시마가 혼슈로 운반되어, 다시(우려낸 국물) 문화가 서민층까지 널리 보급되었습니다.

다시마와 함께 홋카이도 루트의 상징은 청어. 머리와 내장을 제거하고 말려 썩지 않게 한 '미가키니신(身欠きにしん)'은 서민의 저렴한 식재료였습니다. 대량으로 잡은 경우에는 퇴비 재료로 활용했습니다. 도호쿠 지방의 청어 소바와 호쿠리쿠 지방의 무 스시 등, 널리 알려진 메뉴에서 당시 흔적을 볼 수 있습니다.

동쪽으로 도는 항로와 술

에도시대에 각지의 마을이 발전해 감에 따라, 서쪽으로 도는 기타마에부네가 아니라 태평양 쪽을 따라 동쪽으로 도는 항로가 번성해 갔습니다. 쓰가루 해협에서 에도 그리고 오사카를 잇는 '에도 중심'의 해운입니다.

이 항로에서 가장 많이 운반된 것의 하나는 니혼슈로, 거대한 술통을 가득 실은 배 '다루카이센(樽廻船)'이 오사카의 사카이와 아이치현 한다(半田)에서 에도로 향해 갔습니다. 특히 효고현 나다(灘)와 교토 후시미(伏見)에서 에도로 운반되는 술을 '구다리자케(下り酒)'라 하여, 고급술의 대명사가 되었습니다. 현재도 CM으로 친숙한 '켄비시(劍菱)'와 '기쿠마사무네(菊正宗)', '겍케이칸(月桂冠)' 등은 '구다리자케'의 계보입니다.

군마현

마에바시 — 야키만주

다카사키

사케만주

쿠즈모치 — 가와사키

가나가와현

✳ 제 6 장 ✳

지역의 명물이 된 발효 간식

간토關東 지방

히로시마에 갔을 때 일이다. 빨간 야구셔츠에
빨간 모자를 쓴 카프(Carps) 팬이 인산인해를 이룬다.
야구 시합이 있는 모양이다. 차도에는 빨간 마쓰다
차가 가득하다. 거리가 온통 새빨갛게 뒤덮인 채
열광하고 있다! 고장의 구단과 자동차 회사가 이토록
사랑받고 있나 실감했다.

일본 각지에 '그 지역 표준이 되는(대표적인) 것'이
있다. 그 고장 남녀노소에게 사랑받는 바로 그것이
없으면 일상이 따분해져 버린다. 부모 세대부터
이어져 온 로컬 밈.* 발효음식에서 '그 지역 표준'으로
여겨지는 것을 알고 싶어 연말에서 정월에 걸쳐 간토
지역 곳곳을 둘러보았다.

군마현 사람들에게 언제 어디서나 사랑받는, 단연
첫손가락 꼽히는 음식이라 하면 만주다. 따끈따끈한
김이 모락모락 피어오르는 만주, 혹은 팥소 없이
미소다레(된장 소스)를 발라 노릇노릇하게 구운
만주를 입안 가득 넣는 것이 군마현 선남선녀들의
즐거움이다.

"어, 군마현 만주가 발효식품이라고?"

그렇다. 이 만주 문화의 오리지널 레시피를

• 생물학자 리처드 도킨스가 문화의 유전자를 묘사하기 위해 제창한 개념. 고장마다 이어져 온 '그 지역 다움'에는 무의식적인 것도 포함되어 있다.

더듬어보면 단술로 만든 사케만주에 다다른다. 이
발효 만주를 먹고 싶어서 군마현에 온 것이다. 먼저
향한 곳은 플레인만주를 만드는 쓰노다(角田) 제과.
다카사키(高崎)와 마에바시(前橋)의 경계에 있는, 기품
있는 모습으로 자리한 만주집이다. "실례합니다~"
하며 가게에 들어가니 만주 찌는 냄새가 가득하다.

　"죄송합니다. 한창 찌는 중이라… 조금 기다려
주세요."

　가게 앞에 선 쓰노다 히데하루(角田秀治)
씨가 사과하듯이 말한다.(저야말로 불쑥 방문해서
죄송합니다…) 안쪽의 만주 만드는 곳은 소규모 공방
같은 느낌이다. 가볍게 둘러보기만 해도 사람들이
무얼 하고 있는지 모든 것이 눈에 들어온다. 쓰노다
씨는 옛날부터 만들어온 오리지날 레시피를 고수한다.
단술 같은 상태의 주종(酒種)°을 부글부글 발효시키고
밀가루에 섞어서 이스트처럼 부풀린 뒤 그것을 굽지
않고 찐다. 그렇게 하니 노릇노릇 바삭바삭한 서양식
빵과 다른 폭신폭신하고 쫄깃쫄깃한, 매혹적인 하얀
것이 만들어진다. 그것이 군마현의 '스탠다드 만주'다.
첨가제를 넣지 않아서 이 매혹적인 질감은 시간이
흐를수록 딱딱하게 굳어버린다. 쓰노다 제과에서는

°쌀과 누룩으로 만드는
일본 특유의 천연 효모.

불쑥 들어온 손님들이 안쪽 테이블에 앉아서 차를
마시며 만주가 익기를 기다린다.

　내가 점포를 둘러보는 사이에도 단골손님들이
연신 드나들며 순번을 기다리고 있다. 다 익은 만주를
받아들 때의 즐거움이란!~

쓰노다 제과의 사케만주

　다음으로 방문한 곳은 다카사키와 이웃한
마에바시(前橋)의 하라시마야(原嶋屋) 총본가(總本家).
창업 160년이 넘는 오래된 가게이며, 군마현 원조
‘야키만주’로 손꼽힌다. 시대극에 나오는 찻집
같은 분위기의 가게에 들어서니 이로리°가 있는
작고 레트로한 대기실이 시선을 끈다. 이곳에서는
야키만주가 노릇노릇 구워지는 모습을 볼 수 있다.

○농가 등에서 마룻바닥을 사
각형으로 도려내고 난방과 취
사용으로 불을 피우는 장치.

● ※ 155

"대체 야키만주란 무엇인가? 140자 이내로 설명하시오."

만주의 응용편. 만주에 미소다레를 바르고 야키도리처럼 노릇노릇하게 구운, 군마현을 대표하는 소울푸드. 간식거리지만 제법 볼륨이 있어 점심이나 간단한 식사로도 괜찮다. 겉은 바삭바삭하고 안은 부드러운 데다 달면서도 짭짤하다. 갓 만들어 따끈따끈한 것을 오차와 함께 입안 가득 넣으면 최고!

5대째 주인 하라시마 씨에게 이 만주의 기원을 물어보니, 원래는 엔니치(緣日)° 등 마쓰리 때 포장마차에서 팔던 소울푸드였던 듯하다. 그것이 메이지시대 이후, 분주한 일꾼들이 재빨리 먹을 수

° 신불(神佛)을 공양하고 제를 올리는 날.

히라시야마 총본가의 야키만주

있는 패스트푸드로 인기를 얻어 오늘날까지 사랑받게 되었다. 하라시마야 총본가 대기실에 가면 그 증거를 볼 수 있다. 이곳은 만주가 익어가는 것을 기다리는 사람들로 늘 북적댄다! 지긋한 연배의 어머니 같은 분들, 말쑥한 정장 차림의 아저씨, 어린이를 데리고 온 젊은 엄마 등, 그야말로 세대를 망라한다. 이거야말로 정말 명물이다!

　　이 고장 사람들은 만주 문화 자체를 즐기고 있다. 특히 인상적인 것은 기다리는 사람들의 표정이다. 누구 하나 안달하지 않고 느긋하게 만주를 기다린다. 막 만들어져서 손에 전해지는 순간을 기다리는 즐거움! 이 '기다림'이야말로 만주를 한층 맛나게 한다. 언제 어디서나 바로 손에 넣을 수 있다면 매력은 떨어질 수밖에! 기다리는 동안 여유롭게 차를 마시는 것도, 친지나 가족과 재잘거리며 정담을 나누는 것도, 발라진 소스와 함께 노릇노릇 구워지는 만주를 보며 멍 때리는 나만의 시간도… 모두가 즐겁다. 갓 익은 만주에는 정감 어린 시간의 맛이 듬뿍 스며 있다.

　　발효 간식 이야기 또 하나.

　　가나가와현 가와사키다이시(川崎大師) 참배길에

특이한 쿠즈모치(葛餅, 갈분 떡)가 있다. 쿠즈모치란
간사이 지방을 대표하는 과자로, 나라(奈良)현 요시노
지방의 갈분 가루로 만든다. 하지만 가와사키다이시의
쿠즈모치는 갈분 대신 발효시킨 밀가루의 전분을
쓴다.

정월을 맞이하는 참배길은 빨강 초록 노랑 등
갖가지 색의 노렌과 깃발로 장식되어 활기를 띤다.
매점에서 단술을 파는 아주머니에게 수수께끼 같은
발효 쿠즈모치의 이모저모를 물어보았다.

"예부터 여기서는 밀가루로 쿠즈모치를
만들었어요. 얼마 전까지는 지금보다 가게가
많았지요. 우리도 옛날엔 쿠즈모치를 만들어서
참배객들에게 팔았어요. 그런데 손님은, 젊은 양반이
단술을 좋아한다니 특이하군요."

그렇지 않습니다. 요즘, 단술 좋아하는 모던
보이도 많습니다요!

참배길을 걷다가 아파트 1층을 점포로 한, 아담한
쿠즈모치집을 발견했다. 처마 끝에서 두리번거리는데
주인 아주머니가 말을 건넨다.

"어머, 야마나시라니. 먼 데서 잘 오셨습니다. 젊은 양반!"

친절하게도 발효 쿠즈모치 만드는 현장을 보여주었다. 가게 옆쪽에서 아파트 공용공간으로 들어간다. 그러자 계단 옆에 쌓아둔 플라스틱 양동이에서 말로 표현할 수 없는 냄새가 감도는 게 아닌가….

"밀가루 전분을 이렇게 물에 넣어 둡니다."

플라스틱 양동이 뚜껑을 열자 희부연 물 밑으로 전분 침전물이 희미하게 보인다.

그리고! 냄새가!!

뭘까, 이 시큼하면서 강하게 코를 찌르는 냄새는? 손에 묻혀서 살짝 맛을 보니 엄청 시다! 아, 이 느낌, 나는 알지? 그렇다. 나라의 니혼슈 전통기법으로 만드는, '소야시미즈'*라는 술 누룩 냄새다. 쌀뜨물을 유산발효한 것이다. 전분에 야생 유산균이 붙었을 때의 독특한 향— 설마 가와사키다이시 부근 과자집에서 이 냄새를 맡게 되리라고는…. 그런데 이거, 얼마나 오래 발효시키는 겁니까?

"그거요, 길 때는 일 년 정도인데요."

에엣? 그렇게 오래? 생각보다 하드코어하게

*쌀쌀을 담가둔 물을 유산발효시켜서 시큼해진 것으로, 종지하면 부패하지 않는다. 일종의 담근 물.

발효시키는군. 이 쿠즈모치!

밀가루를 물에 담가서 오랫동안 발효하는 사이에 분리된 전분의 침전물을 추출한다. 강렬한 발효 냄새와 신맛을 없애기 위해 몇 번이고 물을 바꿔가며 침전물을 담가두는 사이에 촉촉하고 흰 페이스트가 된다. 이 페이스트를 찌면 탄력 있고 부드러운 떡으로 변한다. 여기에 황금 콤비를 이루는 검정 꿀과 볶은 콩가루를 뿌려 완성한다. 발효 중일 때의 강한 냄새는 사라지고 신맛이 살짝 감도는 향기가 나면서 쫀득쫀득하고 폭신한 식감. 하아, 행복감이 느껴지는 맛이군요!

쿠즈모치의 기원을 물어보았다. 에도시대에 홍수가 나서 비축해둔 밀가루가 물에 잠겨버린 사고가 있었다고 한다. 한동안 물에 잠긴 밀가루에서 전분질이 분리된 것을 보고 '아, 이걸로 떡을 만들 수 있는 건 아닐까…!' 하고 생각하게 되었다는 것이다. 수수께끼투성이인 이야기지만, 간사이 지방의 쿠즈모치와는 기원이 다른 것인 듯하다.

가와사키다이시의 발효 쿠즈모치. 군마현의 만주와 마찬가지로 시간이 지나면서 곧 굳어 버린다.

발효하는 쿠즈모치 페이스트(위)와 쿠즈모치(아래)

"가급적 그날 안에 드세요."

점원이 당부한다. 이야기가 끝날 무렵 남매와
조카 등 셋이서 기념사진을 남겼다. 소박하지만
하얗고 식감 좋고 맛있는 쿠즈모치가 가족이 된
듯하다.

과자에는 그 고장 사람들의 숨결과 일상의 기쁨이
듬뿍 묻어있다. 소박한 '즐거움'이 아로새겨져 있다.
생필품은 아니지만 없으면 왠지 허전하며 생기가 나지
않는 것을 '문화'라고 하는 게 아닐까.

음식이 썩지 않게 하며, 적은 식재료로나마
영양을 보충하기 위해, 아니면 생존을 위한 절박한
마음에서 시작된 가공기술도 발효에서 비롯했다.
이것이 발전하여 구운 만주나 쿠즈모치처럼 일상의
즐거움을 선사하는 레시피로 승화해 간다.

'살아가는 방책'에서 '즐기는 방책'이 되고,
즐거움을 찾아 모여드는 커뮤니티가 문화의 모체가
된다.

만주가 구워지는 동안 기다리는 장소와 시간은
만주 본체만큼이나 중요한 요소다. 강한 목적
의식에서 벗어난 장소에서, 알고 보면 커뮤니티가
생겨난다. 여기서 보낸 즐거운 시간의 기억이, 그

고장을 벗어난 사람을 돌아오게 하며 향수를 자극하는 것인지도 모른다.

'끽해야 과자, 그래도 과자'

과자에는 커뮤니티의 끈을 잇는 즐거운 문화가 담겨 있다.

Column 6

발효가
멋진 경관을
만든다

제가 사는 야마나시현의 교토 지구(峽東地區)°라는 구릉지는 포
도 재배와 와인 양조로 예부터 알려진 곳입니다. 초여름에서 가
을에 이곳을 방문하는 사람은 그 경치에 감동합니다. 언덕 한쪽
가득 펼쳐진 포도밭, 그리고 오래된 절과 와이너리가 곳곳에 있
는 독특한 경관(景觀)은 야마나시현에 뿌리내린 와인 양조문화가
만들어온 것입니다.

포도는 오래 저장할 수 없고 흠집이 생기기 쉬워 멀리 운반하기
도 어렵습니다. 그래서 와이너리는 포도밭 바로 가까이에 지어야
합니다. 게다가 양조 과정이 단순해서 포도 품질이 와인의 풍미
로 직결됩니다.

따라서 대부분의 와이너리는 포도 재배도 직접합니다. 와이
너리는 그 고장 포도 재배의 수호자라 할 수 있죠.

토양과 강한 연관이 있는 '테루아르'에 대한 존중은 일본의 전
통적인 발효문화에도 뿌리내려 있습니다. 쇼도시마(小豆島)의 간
장문화가 빚어낸 거대한 나무통들이 이루는 경관이며, 교토 후시
미의 운하와 술 양조장이 엮어내는 운치 있는 거리 등 그 고장의
양조 산물이 낳은 멋진 경관을 각지에서 볼 수 있습니다.

덧붙여 최근에는 양조문화가 그 고장의 농업의 미래를 짊어질 정

도가 되었죠. 니혼슈를 예로 들어보겠습니다. 니혼슈의 원료인 쌀은 포도와 달리 저장해 둘 수 있으므로 굳이 그 고장 것을 사용할 필요가 없었습니다만, 양조기술이 발전함에 따라 '누구나 좋은 원료를 골라서 80점 정도의 술을 만들 수 있다'는 식의 코모디티$^{\circ\circ}$화가 진전되어, '100점을 목표로 하지 않고 다른 지역 사케와 다른 맛의 척도(기준)를 만든다!'는 흐름이 생겨났습니다. 그리고 '양조장 있는 고장에서, 더욱이 유서 깊은 좋은 품종의 쌀로 술을 빚는다!'라는 식으로 테루아르를 존중하기 시작한 것입니다.

질 좋은 쌀을 만들기 위해 그 고장 농가와 하나 되어 기술을 개량하기도 하고, 젊은 농가를 유치하기 위해 지혜를 짜내기도 합니다. 그리하여 그 고장 벼농사의 지속 가능성을 확보하게 되었습니다.

발효문화는 맛있는 것뿐만 아니라 커뮤니티를 만들고 아름다운 경관을 만들어, 사람들을 즐겨 들르게 하는 긍정적인 선순환을 이루어 내는 것입니다.

효고현

니혼슈

나다

간장

쇼도시마

아와지시마

가가와현

미마　도쿠시마

도쿠시마현　쪽

✳ 제 7 장 ✳

발효가 산업화를 이끌다

일본 근대화 여행

발효라는 것은 에도시대부터 일본에 거대한 자본을 축적하게 해온 것 같다. 바닷길을 통한 도시 간 대규모 거래, 상품 대량생산을 위한 자본 출자, 그리고 모여진 자본을 운용하기 위한 자금 대부.(제1장 핫초미소의 에피소드를 떠올려 보자.) 바닷길 개척과 더불어 근대 자본주의를 발전시켜 간 대영제국을 떠올리게 한다.

산업의 거대화라는 면에서 가장 두드러진 것은 니혼슈다. 무로마치시대까지는 신사나 사원에서 제사용 술을 빚거나 집에서 소규모 탁주를 만드는 정도였는데, 전란이 끝나고 평화가 찾아든 에도시대에 이르러 술 양조가 급속히 발전했다. 그 중심이 된 곳이 효고현 나다(灘) 지구다. 오늘날까지 계속 니혼슈 양조 방법의 틀을 세워 왔으며, 수작업으로 만드는 것과는 다른 일정한 품질의 술을 체계적으로 만드는 데 성공했다. 에도 초기에서 중기에 이르는, 17~18세기의 일이다. 수퍼마켓과 편의점에서도 친숙하게 다가오는 '켄비시(劍菱)'와 '기쿠 마사무네(菊正宗)'의 창업은 최대 5백 년 전까지 거슬러 올라간다.

"어? 에도시대의 중심이라니, 간사이가 아니라 에도로군?"

그렇다. 술 만들기는 에도시대 이전부터 간사이 지방에서 발전했다. 그 후 에도에 막부가 열리고, 중세인데도 세계 최고 인구밀도를 지닌 에도의 거리가 생겨났다. 이때부터 '생산지와 소비지의 분리'가 시작된 것이다. 간사이 지방에서 술을 만들고 에도에서 소비한다. 이 간사이↔에도의 관계성이 동쪽으로 도는 항로°로 불리는 태평양 쪽 해운을 급속히 발달시켰다. 간사이 지방에서 주조(酒造)의 거점은 나라의 사찰과 신사, 이어서 오사카 요도가와 강변의 셋쓰(攝津, 오사카의 쓰케모노 투어에서 방문한 곳 일대다!)와 이케다(池田), 사카이(堺) 주변이었다. 그러나 거대한 소비지 에도가 생겨나고, 더욱이 해운에 유리한 효고현의 나다가 니혼슈 생산 거점이 되었다. 이곳에서 엄청난 양의 술을 에도로 운반해 간다. 최전성기의 에도시대 후기에 나다 지구에서만 연간 50만 석, 말하자면 한 되들이 500만 병, 약 1억 리터 가까운 니혼슈를 만들었다. 참고로 2010년대 술 생산량은 일본 전체를 통틀어 300만 석 안팎이다. 에도시대 인구가 지금의 4분의 1이었던 점을 감안하면 경이로운 양이다!…

상상해 보자. 매일 항구에서 니혼슈 술통과 병을

● 칼럼 151쪽 참고.

가득 실은 배가 에도로 향한다. 오늘날과 달리 난파될 위험도 있었을 것이다. 현대적인 과학기술과 설비도 없어서 술이 상해 버릴 위험도 있었을 터다. 하지만 그런 어려움을 충분히 뛰어넘고도 남는 이익을 낼 수 있었던 것이다. 니혼슈 제조는 엄청나게 돈이 되는 일이었다!

막대한 이익이 남는 니혼슈 양조는 이윽고 나다의 독점물이 아닌 쪽으로 바뀌어 간다. 오늘날 말하는 IT 벤처기업처럼 전국 각지에서 새로운 술 양조장이 생겨나고 있다. 메이지시대에 접어들자 주조 면허의 진입장벽이 낮아지고, 믿기지 않을 정도로 많은 업체가 생겨난다. 통계에 따르면 1877년경에는 2만 7천 개가 있었는데,[*] 정말일까? 메이지시대에서 다이쇼시대에 걸쳐 니혼슈 산업은 더욱 규모가 커졌다. 거기에는 정치적인 이유가 있었다.

우선 서양의 최신 미생물학이 도입되었다. 지금까지 몰랐던 미생물의 작용이 밝혀지기 시작했고, 잘 상하지 않는 술을 만드는 방법이 정부 주도로 개발되었다.

"왜 정부가 그런 일을 하는 걸까?"

● 자세한 것은 『日本酒の近現代史』(吉川弘文館) 참조.

예리하다. 당시 첫손 꼽히는 거대 산업이었던 니혼슈는 국가의 중요한 조세 수입원이 된 것이다. 결국 주세(酒稅)가 국가의 주요 수입원의 하나가 되었다. 술이 상하면 세금을 매길 수 없으니 국가에서 정책적으로 신기술을 개발한다. 이때 개발된, 과학적인 물질을 첨가해서 만드는 양조법과 안정적으로 발효하게 하는 미생물 개발 등은 오늘날 주조의 토대가 되었다.

이렇게 하여 양조의 질이 좋아지자 너도나도 술을 마시게 된다. 그리고 주세가 오른다. 이 나선형 순환구조는 부국강병책을 뒷받침했다. 메이지시대 러일전쟁과 쇼와시대 태평양전쟁 발발 무렵, 니혼슈는 국위를 선양하고 호전(好戰) 무드를 고조시키는 수단으로 쓰였다. 그 증거로, 이 무렵의 작은 술잔과 도쿠리에는 전쟁을 상징하는 기[戰旗]나 히노마루가 들어간 것이 많다. 주세는 군수품 조달에, 술은 전쟁터로 향하는 군인들의 사기를 북돋우는 데 쓰였다.

그리고 2차대전 말기, 양조장 일을 할 성인 남자가 없어지게 되고 원료인 쌀이 바닥나자 니혼슈 업계는 붕괴해 갔다. 전쟁 직후 술 양조장 수는 한창때의 10분의 1, 약 3천 곳으로 줄었다.

술은 일본인을 부국강병의 꿈에 취하게 했지만,
그 꿈은 결국 퇴색해 갔다.

1월 끝자락의 아와지시마(淡路島). 동틀 무렵인
새벽 5시쯤, 잠이 부족하여 졸린 눈을 비비며
미야코비진(都美人) 주조 양조장에 들어갔다.
니혼슈 만들기 체험을 위해 온 것이다. 이곳은
에도시대부터 현대까지 효고 지방 니혼슈 제조 변천
과정을 두루 거치며 굳건하게 살아남은 양조장이다.
아와지시마에서 약간 남서쪽, 미나미아와지에
위치한 미야코비진은 1945년 아와지시마 남부의
열 개 니혼슈 양조장이 합병하여 창업했다. 전쟁
말기의 어려운 시대를 헤쳐가기 위해 작은 메이커가
모여 생겨난 것이다. 부지는 넓고, 거대한 창고와
정미소와 저장고 등이 늘어서 있다. 생산량 1만
석이 넘던 쇼와시대 말기의 흔적이긴 하지만, 시설
대부분은 현재 사용되지 않는다. 최근 수년간의
생산량은 정점일 때부터 크게 줄어 5백, 6백 석 정도다.

게다가 니혼슈 생산량의 정점은 1973년에 약 천만 석이었는데 지금은 4분의 1로 줄었다. 미야코비진은 고도경제성장기에 대규모 설비 투자를 해서 대중적인 니혼슈를 대량생산했다. 그것을 나다의 대규모 술 양조장에 도매로 팔아서('오케우리桶賣り'라고 하며, 술의 OEM 제조) 경영을 꾸려 가게 했다. 그러나 헤이세이(平成) 시기(1989년 이후)에 접어든 후 니혼슈 업계 전체가 침몰하고 오케우리의 수요는 급격히 줄었다. 하청 생산하는 중소 메이커는 위기에 빠졌다. 여기서 폐업하는 니혼슈 업체가 줄줄이 이어졌지만 미야코비진은 참고 버텼다. 대중적인 술의 대량생산 방식을 재검토하여, 개성적인 고급주의 소량생산을 주된 아이템으로 바꾼 것이다.

　　내가 '일일 제자'가 된, 미야코비진의 토우지(杜氏)* 야마우치 씨. 이시카와현 노도(能登) 반도에서 온, 마흔 안팎의 젊고 믿음직한 인물이다. 탄력 있는 피부의 동안(童顔)이어서 내 또래거나 더 젊게도 보인다. 아침부터 저녁까지 허둥대며 그의 뒤를 따라다녔다.

　　창업한 지 80년이 채 안 되는 미야코비진은

* 술 만드는 기술자 또는 양조 현장 책임자.

오랜 술도가는 아니지만, 양조장 시설의 일부는
합병 당시의 오래된 건물을 옮겨 지어 온 듯
제법 풍격(風格)이 느껴진다. 엄청나게 높은 천장,
휑뎅그렁한 공간, 탱크와 쌀 찌는 기구, 술 짜는 설비
등이 있다. 사케는 와인이나 맥주보다 양조 과정이
복잡하여 많은 설비가 필요하다. 따라서 부지가
수용할 수 있는 한 최대한 빡빡하게 제조 기자재를
들여놓게 되지만, 미야코비진은 한창일 때의 10분의
1 이하밖에 술을 만들지 않으므로 어쨌든 공간이
여유롭다. 인기척 없는 어둠 속을 걷고 있으니
잃어버린 고대 신전을 거니는 듯하다.

"12년 전에 사장님이 부르셔서 이곳에 왔습니다.
우선 전에 쓰던 대량생산용 설비를 사용하지 않고
수작업으로 돌아갔습니다."

야마우치 씨는 생글생글 웃으며 말한다. 하지만
이 시스템 교체는 걱정 없이 할 수 있을 만큼 간단한
게 아니다. 누룩 제조기라고 부르는, 누룩 만들어 주는
기계 대신 누룩 만드는 방(누룩실)을 설계해서 그 고장
목수들과 만들었다. 한 종류의 술을 거대한 탱크에 한

번에 담그지 않고, 다양한 개성을 지닌 술을 탱크에
조금씩 나누어 조심스레 관리하게 되었다. 그렇게
만든 술은 대규모로 거래처에 납품하는 게 아니라,
나름의 브랜드 라벨을 붙여 충성도 높은 소수 팬에게
팔기로 했다.

고도경제성장기에는 '대규모로 균질화하는 것'이
정답이었다. 그러나 경제성숙기를 맞이하고 인구가
감소 추세로 바뀐 현대에는 일단 다운사이징하여 매상
'규모'가 아니라 이익의 '가치'를 중요시하는 데 방점을
찍는다. 무작정 성장을 추구하는 게 아니라 원점을
다시 돌아보는 것이다.

"니혼슈의 왕도를 걷고 싶습니다. 오랫동안
축적해 온 맛있는 니혼슈를 생생하게 살린 술을
만들고 싶어요."

자신감 넘치는 눈빛으로 싱긋 웃는 야마우치 씨.

오래전부터 사이좋게 지내 온 니혼슈 양조장은
전통에 얽매이지 않는 개성파가 많았다. 그러나
야마우치 씨를 만나게 되면서 왕도를 걷는 니혼슈가
얼마나 가치 있는지 눈뜨는 계기가 되었다.

✳

미야코비진에서 술 만드는 과정에 조금 깊이 들어가 보자. 니혼슈 좋아하는 분들을 위한 것이므로 그렇지 않은 분은 건너뛰어도 괜찮다. 왕도를 지향하는 야마우치 씨가 술 만드는 특징은 다음과 같다.

- 어떤 등급의 술도 한결같은 누룩균과 효모를 사용한다.
- 고도의 기술인 야마하이모토*를 써서 목 넘김이 독특하며 산미를 내게 한다.
- 거품이 있고, 효모를 사용하여 맛을 진하게 한다.

이 세 가지가 대단히 흥미로웠다. 차례대로 살펴보자.

2010년대 이후 최신 경향으로 긴죠쥬(吟醸酒)** 등의 양조에는 고급주에 특화한 미생물을 사용하는 것이 일반적이지만 야마우치 씨는 굳이 그렇게 하지 않는다. 몇십 년이고 표준적으로 써온 것을 사용한다. 그리고 야마하이모토. 이것은 야마우치

* 정확히는 '야마오로시 하이시모토(山廃し廃止酛)'. 찐쌀을 으깨어 쥬산콜을 끓어들이는 '야마오로시' 작업을 하지 않고 자연스럽게 균이 들어오게 하는 양조법. 대단히 어렵다.

** 원료 쌀을 정미하여 반쯤 깎고, 만드는 이의 수고를 아낌없이 쏟아서 빚는 고급 술.

씨가 양조를 시작한 곳인 노도 반도에서 술 빚는 사람들*의 필살기(必殺技)다. 양조장에 서식하는 유산균이 자연스럽게 들어오기를 기다렸다가 효모를 만들어가는 것이지만, 포인트는 '다키(暖氣)'라고 부르는, 효모의 탱크 안 온도를 통제하는 철제 주전자 같은 기구를 사용하는 방법이다. 뜨거운 물을 넣은 다키를 탱크 안에서 돌려 미묘하게 온도가 변하게 하고, 균을 적당히 움직이게 해 간다. 이 기술을 능숙하게 구사하면 전통적인 사케 만드는 방식으로 만든 것만큼 무겁지 않은, 그러면서도 뚜렷이 여운이 남는 독특한 산미를 낼 수 있다.

그리고 가장 놀라운 것이 효모 거품이다. 효모는 활발하게 발효할 때 거품을 내지만, 이 거품 양이 적은

솟아오르는 술의 모로미

* 오쿠노토(奧能登)에서 태어난 술 양조장인 전단, 전국에 무수히 많은 양조장인 가운데서도 전국적으로 활약하는 엘리트 집단의 하나다.

'거품 없는 효모*'를 사용하는 것이 오늘날 주조의
표준이다.

하지만 이것은 품종 개량된 효모로, 원래
니혼슈의 효모는 많은 거품을 낸다. 그렇게 되면
탱크에 담글 수 있는 술의 양이 줄어버려 '거품 있는
효모'를 사용하는 양조장은 소수다. 거품 있는 효모를
사용하면 술맛, 즉 바디감이 선명하게 다가온다.

표준적인 맛이면서 산미가 있고 비교적
바디감이 뚜렷하다. 감칠맛이 깃든 미디엄 바디감인
술은 차갑게 해도 따뜻하게 데워도 맛있다. 이것이
야마우치 씨가 목표로 하는 니혼슈의 왕도이며
니혼슈의 대국 효고현의 서민이 좋아하는 사케
맛이다.

"우리는 가장 저렴한 보통주**도 야마하이모토로
만듭니다. 미야코비진은 예부터 고장 사람들에게
사랑받는 사케죠. 아와지시마는 도회지인 나다나
산노미야(三宮)와 달리 어부와 농가가 많지요.
미야코비진의 산뜻한 맛과 깔끔한 산미과 바디감은
육체노동 후에 마시는 술로 최고입니다."

양조장 일이 끝나고 익숙지 않은 작업으로 녹초가
된 저녁. 밖에서 차게 한 야마하이(山廢)의 준마이주를
야마우치 씨가 따라 주었다. 홀짝홀짝 한 모금씩
마시지 않고 맥주처럼 벌컥벌컥 들이켰다. 상쾌한
목 넘김도 좋고, 지친 몸이 찾고 있는 단맛과 산미도
아주 그만이다. 갈증을 해소해 가며 마시는 가운데
느껴지는 만족감이 긴 여운을 남긴다.

"맛있다!!"라며 나도 모르게 소리쳤다. 여기가
천국이다!

양조장에서 일하는 사람들과 왁자하게 마시기
시작하다 술기운이 감돌자 차가운 술에서 따끈하게
데운 술로 바뀐다. 마지막은 야마하이 보통주를
데운 것. 이 고장 농가와 어부들이 사랑하는 고장
술의 느낌이 가득하다. 임팩트가 있고 마셔도 마셔도
물리지 않는다. 그 고장 애주가에게 바싹 다가가면서
아무것도 희생하지 않는, 맛있는 것은 전부 갖춘
미야코비진 사케. 로컬인 동시에 어디서나 환영받을
만한 맛이다. 정말 최고다!

술자리가 끝나고 밤 8시 전에 휴게실 다다미에
이불을 깔고 잠이 들었다. 깊은 밤, 누군가가 휴게실
문 여는 소리에 눈을 떴다. 술자리에서 유일하게 술을

마시지 않고 양조장에서 일했던 사람이다.

"누룩 작업이 끝났으니 술 가지고 갈게요."

심야까지 누룩균을 살피고 나서 마시는 술이 단연 최고라고 한다. 어둠 속에서 보이는 그의 등은, 하루 일을 다 마친 뒤의 뿌듯함과 자기가 빚은 술을 마실 수 있는 기쁨을 말하고 있었다.

마침내 인간의 시간이 끝났다. 이제부터 동틀 녘까지, 양조장에는 미생물들의 시간이 찾아온다.

이 여행에서 떠오르는 광경의 많은 부분은 왠지 어둡고 애매하다.

한낮의 햇빛에 감싸인 선명한 세계보다도 흰 눈이나 숲에 드리워진 그림자로 흐릿해진 애매한 세계. 양조장 안의 어둠에서 꿈틀거리고 있는 미생물들. 시력만으로는 제대로 파악할 수 없는, 복잡하고 뭔가 피어오르는 질감이 뇌리에 들러붙어 있다.

빛 속에서 비쳐 나오는 이미지는 하나지만, 어둠

속에 떠오르는 이미지는 보는 사람 수만큼 무한히
많다. 밖으로부터의 빛이 닿지 않는다면, 자신의
기억이 광원(光源)이 된다. 그리고 그 기억을 불러내는
것은 시간을 초월하여 울리는 소리다.

눈에 보이지 않는 세계에서는 '빛' 대신 '소리'가
와 닿는다. 그것은 귓전에서 속삭이는 듯한, 작지만
깊게 자극하는 소리다. 정보를 전하는 메시지가 되기
이전의 숨결과 속삭임. 어둠 속을 가만히 응시하면
소리가 '보여 온다.' 그 소리는 아주 오랜 옛날, 수백
년 전부터 불리고 있던 소리다. 그 잊혀진 소리들과
만났다. 한번 들을 수 있으면 일본 열도의 모든 장소에
소리가 가득 차오르는 것을 알아챈다. 숲, 흙, 물까지
깊은 곳에서 나를 부르는 속삭임.

에도시대의 양조 '빅뱅'에는 의외의 역할을 한
존재가 있다. 나무통(오케, 桶)이다.

오래된 간장 양조장이나 된장 양조장에서
볼 수 있다. 올려다볼수록 커다란 나무통. 이것은
일본에서 특이하게 발달한 문화라고 한다. 그러고

보니 와인이나 위스키에 쓰이는 나무통(배럴)으로
사람(성인) 키를 넘는 것을 본 적이 없다. 에도시대
양조장 모습을 그린 두루마리 그림이나 판화를
보면, 몇 톤이나 될 듯한 거대한 나무통 위와 안에서
사람들이 일하고 있다. 마치 소인(小人) 같다. 쇼와시대
후기까지 일본 각지에는 나무통 만드는 곳이 많아서,
그 독특하고 거대한 나무통이 나름의 문화로 이어져
왔다. 그러나 용기가 나무통에서 값싼 스테인리스나
법랑(琺瑯) 탱크로 바뀌어 가면서 나무통 만드는
기술은 점차 쇠퇴의 길을 걸어, 커다란 양조용
나무통을 만들 수 있는 업체는 오사카부 사카이에 단
한 곳만* 남게 되었다.

　　　그 위기를 극복하고자 나선 것이
쇼도시마(小豆島)의 야마로쿠(ヤマロク) 간장이다.
세토 내해에 있는 쇼도시마는 간장의 섬으로 알려져
있다. 21곳의 간장 메이커가 모여 있고, 중심지의 거리
모퉁이를 돌아갈 때마다 간장 양조장이 나타난다.
일본에서 손꼽히는 간장 문화가 축적되어 있는
곳이다.

　　　그리고 또 하나. 쇼도시마는 일본에서 첫손
꼽히는 거대한 나무통이 모여 쌓이는 곳이기도

하다. 섬에서 가장 규모가 큰 마루킨(マルキン)
간장에서는 몇백 개나 되는 거대한 나무통이 늘어서
있는, 평형감각이 마비될 듯한 장대한 광경을 볼 수
있다. 나무통은 금속제 탱크에 비해 양조장 특유의
미생물들이 들러붙어 서식하기 좋다.* 같은 지역에
밀집해 있는 각 메이커가 개성을 드러내는 데
나무통은 중요한 요소다. 그런 사정도 있거니와, 백 년
된 나무통이 섬 안 양조장에서 당연한 듯이 현역으로
쓰이는 나무통의 왕국, 그것이 쇼도시마다.

　　쇼도시마에서 오래된 메이커의 하나인 야마로쿠
간장 주인 야마모토 씨는 섬이 이어온 간장 문화의
미래를 지키기 위해 거대한 나무통 만드는 기술을

* 삼나무의 섬유질은 미생물이 붙어서 서식하기
쉬운 환경이다. 그 양조장의 환경에 적응한 발효
균의 생태계가 간장의 풍미에 영향을 준다.

양조장 안에 끝없이 이어져 있는 거대한 나무통

익혔다. 소멸의 운명을 걷게 되는 듯한 흐름을 개인의
힘으로 역류시킨 것이다. 나무통은 죽지 않는다.
이것만으로도 위대한 것이지만, 야마모토 씨의 다음
한 수를 눈여겨볼 필요가 있다. 나무통 만드는 기술을
다른 양조 메이커에도 가르쳐주기 시작한 것이다. 일
년에 한 번, 정월 지난 무렵 양조장을 개방하여 나무통
만들기 연수회를 연다.

"히라쿠 씨도 와서 도와줘요!"

그의 권유에 흔쾌히 쇼도시마로 달려가 보니
'연수회'는 이름뿐, 전국에서 양조가들이 모여드는
'나무통 페스티벌'이었다! 연수회장인 '야마로쿠
간장'에 다다르니 원근 각지에서 모여든 낯익은
양조장 주인들이 가득하다. 도착하자마자 하이파이브
소리가 폭풍처럼 휘몰아친다. 다들 금세 조금씩
조금씩 나무통 작업에 빠져든다. 하루 일과가 끝나며
어둠이 깔리자 다들 한데 모여 왁자지껄 큰 잔치로
이어간다.

진지한 대화가 오가는가 하면 가벼운 농담을
주고받기도 하는 가운데 이채로운 열기는 심야까지
계속된다. 이튿날 아침부터는 한껏 활기가 넘치면서
나무통 만드는 일에 신명을 더해간다… 이런 날들이

2주간이나 계속되는 경이로운 축제였다.(아쉽게도 나는 이틀만 참여했다.) 양조가의 체력, 대단하다!

이 연수회(?)에서 나는 처음으로 나무통 만드는 법을 상세히 알 수 있었다.

"일본 나무통의 비밀은 대나무죠. 대나무로 만드는 타가(たが)• 기술이 뿌리내린 덕분에 나무통이 거대해질 수 있었습니다."

야마로쿠 간장의 야마모토 씨는 말한다. 배럴의 경우, 타가는 주로 철로 된 고리를 사용한다. 그러나 철 타가로 나무를 고정시켜 묶으면 거대한 나무통은 만들 수 없다. 나무는 계절에 따라 부피가 조금씩 변하여 건조한 겨울에는 오그라들고 습한 여름에는 팽창하기 때문이다. 철 타가의 경우, 나무가 팽창했을 때 힘을 피하지 못하고 갈라져 버린다. 이를 방지하려고 느슨하게 고정시키면 나무 틈새로 내용물이 새어 나와

간장 담그는 나무통 표면

• 대나무 세 가닥을 꼬은 모양의 로프. 엮기가 대단히 어렵다. '타가가 느슨하다'라는 말이 있다.

버린다. 나무통이 커지면 커질수록 수축 팽창의 차가 커져서, 배럴의 경우에는 작은 크기로 할 수밖에 없는 것이다.

그에 비해 대나무 타가의 경우에는, 우선 가늘게 자른 대나무를 엮어 벨트처럼 만든다. 이것이 밖에서 보이는 대나무 타가지만, 나무를 직접 조여 묶는 것은 벨트와 나무 표면 사이에 끼워 넣는, 가느다란 봉에 끈을 나선형으로 감은 심이다. 철 타가가 면 전체로 나무를 조이는 것에 비해 대나무 타가는 심의 끈이 지닌 마찰력으로 나무를 조인다. 나선형으로 감긴 끈은 면 전체를 조이는 게 아니어서 힘을 피하는

나무통에 쓸 대나무를 깎는 야마모토 씨

곳이 있다. 그리고 대나무를 엮은 벨트는 나무나 끈과 달리 늘어나거나 오그라들지 않아서 나무통 형태가 흐트러지지 않기에 겉 부분이 튼튼한 재질의 용기가 되는 것이다. 부드러운 심과 단단한 대나무 커버의 양면 작전으로 나무의 팽창을 억제하면서 내용물이 새어 나오지 않게 조이는, 곡예 같은 기술이 가능해졌다.

　에도시대 초기의 이 혁신으로 나무통이 점점 커지면서 한 번에 담그는 양이 많아졌다. 그렇게 되면 대규모 원료 조달과 조직적이고 치밀한 제조 공정이 필요해진다. 이 흐름 속에서 앞서 말한 니혼슈 만들기의 혁신이 일어났을 것이다. 나무통이 대형화하기 전까지 술은 탁주처럼 1단계 공정으로 만들었지만, 몇 톤이나 되는 대형 나무통에는 한 번에 모든 원료를 넣어서 발효할 수 없다. 그래서 먼저 소량의 주모(酒母)를 담그고, 그 주모를 커다란 나무통에 옮겨 3단계로 나누어 원료를 더하면서 술을 빚는 '3단계 담그기'라는 방법이 생겨났다. 나무통이 소형인 채로 있었다면 미야코비진이 하는 세련된 주모 만들기도, 단계적인 담그기 방법도 생겨나지 않았을 것이다.

19세기 후반에 모네와 고흐 등 강렬하고 선명한
색채의 풍경화가 탄생하는 데는 물감의 혁신이 큰
영향을 미쳤다. 실내에서 화가 자신이 섞어서 만들던
물감을 손쉽게 휴대할 수 있게 되어, 실외에서 유화를
그릴 수 있게 된 것이다. 라이카 같은 휴대 카메라가
개발됨으로써 앙리 카르티에 브레송과 로버트
캐퍼(Robert Capa, 1913~1954)°는 보도사진이라는
새로운 저널리즘의 지평을 열었다. 마찬가지로 일본
양조기술도 나무통이라는 인프라의 혁신으로 예술의
경지에 이르렀으며, 경제를 지지하는 산업이 된
것이다.

"쇼도시마를 나무통의 플랫폼이 되게 하고
싶습니다."

야마모토 씨는 말한다. 이 섬에 전국 양조가들이
모여 나무통을 만들고, 그것을 각자 고장에 가지고
간다. 유지 관리하는 방법도 기술도 여기서 배워
각 지역으로 전한다. 전통 기법을 고스란히
간직하면서 한층 새롭게 발전시켜 가는 것이다. 음악
페스티벌처럼 즐거운 축제 속의 열기가 출발점인 것은
물론이다.

"전통을 지키지 않으면 안 돼!"라고 이맛살을 찌푸리며 강요하는 사람 주위에는 누구도 모여들지 않는다. 각자 몸소 배우는 공정 하나하나를 엔터테인먼트처럼 즐기고 모두가 공유한다. 이것이 야마모토 씨가 말하는 '플랫폼'이다. 한 사람의 열정이 몇십 명을 마쓰리(축제)로 끌어들이고, 수십 명이 어느샌가 몇천, 몇만으로 확산해 간다. 그 순간, 바뀔 수 없다며 패배의식에 젖어 있던 것의 운명이 뒤집힌다.

야마모토 씨의 다이내믹한 활동을 보고 있노라면, 역사를 '신의 관점'으로 묶어두는 것이 부끄럽다. 신처럼 세계를 내려다보면서 '세상의 흐름은 필연적으로 이렇게 될 거야'라며 예언자인 척하는 당신은 누구인가?

시대는 늘 '나와 함께' 움직인다. 흐름은 '생기는' 것만이 아니라 '생기게 하는' 것도 가능하다. 그러려면 땅으로 내려와서 혼자 시작해야 한다. 한 명에서 시작한다. 시작한 것을 동료와 나눈다. 그 과정을 즐기는 것이야말로 '지금을 사는' 것이다.

이 나무통 커뮤니티에는 약속의 구호가 있다. 연회와 회합을 매듭지을 때, 다 함께 주먹을 위로 향하며 이렇게 외친다.

"얏 타루(樽)데! 오케(桶)—!"°

쇼도시마에는 또 한 사람, 간장 업계의 미래를
짊어진 벗인 쿠로시마 케이코(黑島慶子) 씨가 있다.
'케리쨩'이라는 애칭으로 알려져 있다. 간장 만드는
직인의 딸로 태어나 간장과 함께 자라온 케리쨩이
간장 문화의 훌륭함을 전하는 일을 생업으로 택한
것은 극히 자연스러운 일이었다. 그녀의 열정적인
활동 덕분에, 공들여 만드는 자가양조 간장의 매력이
젊은 세대에게도 새롭게 각인되어 있다. 해박하며
열정도 센스도 있는, 간장 전도사인 것이다.

그런 케리쨩과 쇼도시마의 간장 양조장을
방문했다. 가는 곳마다 사람들이 "케이코 쨩, 잘 지내?"
하고 말을 걸어오며 이런저런 이야기가 시작된다.
쇼도시마의 양조가 모두가 친척인 듯 스스럼 없이
대하는 그녀는 쇼도시마라는 고장, 간장이라는
문화에서 자란 '섬의 딸'이다. 이렇게 '고장 그 자체와
이어져 있는 존재'가 문화의 수호신이 되는 것이다.

° "헤―내지! 오케이"라는 뜻. '얏트루데'는 간사이 지역 방언인
데 그 일부인 '타루(樽)'는 무엇이 있는 나무통을 가리킨다. 무엇이
없는 나무통을 가리키는 '오케(桶)'는 O.K.의 일본 발음.

막 태어난 그녀의 아가도 함께, 바다가 보이는 언덕에 올랐다. 공장에서 연기가 스멀스멀 피어오르는 간장 양조장이 늘어선 항구는 파도가 잔잔하게 물결친다. 쇼도시마는 원래 제염(製鹽)이 성한 곳이었다. 하지만 에도시대에 접어들며 염전 기술이 전국으로 퍼져가자, 부가가치가 더 높은 사업을 모색했다. 바다 저편 와카야마현 유아사(긴잔지 미소 양조장을 방문한 곳이다!)에서 양조기술을 배운 뒤 이곳은 간장의 섬으로 발전해 갔다. 쇼도시마는 간사이와 주고쿠, 시코쿠 지방 주요 도시로의 접근성이 좋고, 좁고 긴 만(灣)이 있어 수해도 적은데, 각지로 간장을 운송하기 쉬운 이점으로 일찌감치 번성해 왔다. 그리고 그 역사의 바톤은 야마모토 씨와 케리쨩에게 넘겨져 미래로 이어져 간다.

간장과 함께 걸어온 쇼도시마의 역사. 그 역사는 추상적으로 받아들여져 온 것이 아니라 살아있는 인간에게 전해진다. 전통은 자료 속에서가 아니라 사람과 삶에 깃든다.

흑과 백. 젊음과 숙성의 다이내미즘.

니혼슈와 간장의 현장에 잇따라 들어가 보면서
일본의 미의식에 생각이 미쳤다.

니혼슈는 대대로 '흼', 말하자면 '투명함'을 목표로
해온 문화다. 원래 황색 도부로쿠 상태인 '탁주'였던
것을, 양조 방법을 거듭 개량하며 투명하게 맑아진
'청주'로 진화시켜 왔다. 니혼슈를 마실 때 으레
쓰는 헤비노메노오초코(蛇の目のお猪口)의 파란 이중
동그라미*는 시음회 때 니혼슈의 투명도를 가늠하기
위한 것이다. 색이 탁하면 품평회에서 바로 감점이다.
색만이 아니다. 입에 댔을 때 산뜻한 느낌, 물 같은 목
넘김. 잡미(雜味)가 없는 상태를 추구해온 것이 니혼슈
문화**다.

그것은 누룩에도 나타난다. 누룩균의 포자는
처음에는 희다. 그것이 자라기 시작하고 48시간이
지나면 숙성하여 색이 짙어진다. 이 상태가 되면 술의
향이 나빠져서, 누룩이 다 숙성되기 전에 술을 담그는
것이 기본이다. 흰 쌀에 하얀 포자가 생겨난 순백의
누룩은 맑고 향이 깊은 술을 빚어낸다.

한편 간장의 왕도는 '진한 맛'이다. 감칠맛
가득 농축된, 검은색에 한없이 가까운 짙은 차색이

* 흰 도자기 잔 바닥에 ◎ 모양
의 푸른 무늬가 그려진 것. 술
의 빛깔과 맛을 확인하기 쉽다.

** 최근에는 잡미를 살린 흥미를 강조하는
흐름도 주목된다. 히로시마현의 다케쓰루(竹
鶴)와 치바현의 데라다 혼가(寺田本家) 등.

표준으로 여겨진다.* 새로운 술이 인기 있는 니혼슈와
달리 간장은 오래 숙성시킨 것을 고급으로 친다.
쇼도시마의 야마로쿠 간장에서는 간장으로 간장을
담그고 4년을 숙성하여 '다시 담그는 간장'이라고
부르는, 농축과 숙성의 극치를 보여주는 간장이 주력
상품이다. 술 담글 때 쓰는 것과 달리 찐 콩과 볶은
보리로 만드는, 감칠맛을 강하게 낸 간장누룩은
회록색**이다. 모든 것이 '짙음'을 목표로 한다.

공간에 관해서도 재미있는 대비가 있다.

니혼슈 양조장은 청소가 생명이다. 오전 중
담그기를 마친 뒤에는 오로지 청소다. 담그는 일이
끝나는 여름철은 양조장과 설비를 청소하는 시기다.
청결한 환경을 유지하여 잡균의 혼입을 막고 술의
풍미를 잃지 않도록 세심하게 주의를 기울인다.

그와 대비되는 간장 양조장. 나무통에 담그는
오래된 간장 양조장에서는 가벼운 청소가 법도다.
양조장과 나무통에 서식하는 미생물들을 없애지
않도록, 환경이 바뀌어버리는 듯한 청소는 하지
않는다. 양조장 벽과 나무통에는 해를 거듭하며
쌓인 먼지와 미생물의 잔해가 굳어져, 종유동 같은
결정체가 빽빽이 들러붙어 있다. 다양한 생물과

• 우스구치(淡口) 간장과 시로(白) 간장 등, 빛이 엷은 간장도 있지만 소수다.

•• 얼핏 보면 누색에 곰팡이가 슨 나무 열매나 장독처럼 보인다. 솔누룩에 비하면 검은 누룩이라고 생각할 수 없다.

시간을 켜켜이 쌓는 것으로 개성 있는 맛을 지키고
있다.

가볍고 살짝 달큼새큼한 '젊음'의 니혼슈와,
농후하고 중후한 풍미를 지닌 '숙성'의 간장. 잡균 없는
청결한 술 양조장과, 다양한 균을 불러들이는 동굴
같은 간장 양조장. 이것은 '흼=더러움 없는 청결한 술
양조장', '검음=음영이 있는 깊이감'이라는 두 가지를
포갠 일본 문화의 신비로운 더블 스탠다드를 나타내는
듯하다.
아, 맑은 긴죠쥬(吟釀酒)에 생선회를 곁들일 때
빠질 수 없는 것이 칠흑 같은 진한 맛의 간장이지요?
흑과 백이 조합을 이룰 때, 지고(至高)의 미를
체험할 수 있는 것이다.

간사이 지방에서 세토 내해 동쪽 아와지마를
지나면 도쿠시마(德島)에 이른다. 일찍이
아와(阿波)라고 불린 이 지역은 중세 서일본에서
으뜸가는 풍요를 이룬 곳이다. 그 약진의 원동력이 된

것이 발효와 관계되는 산물인 쪽이다.

"그래요? 염색과 발효라니, 관계가 있나요?"

물론 있다. 쪽을 사용한 염색 기술
'아이조메'(藍染め, 쪽물들이기)는 미생물의 힘을
복잡하게 다루어 생겨난 발효염색인 것이다. 게다가
쪽 염색에는 전혀 원리가 다른 2단계 발효 공정이
있다. 아직 다 밝혀지지 않은 그 특이한 발효 현장을
방문했을 때 이야기를 들어보기 바란다.

먼저 쪽 염색의 개략적인 것을 살펴보자.

- 타데아이(蓼藍)라는 식물의 말린 잎을 거적에 싸서 부엽
  토(腐葉土) 모양으로 발효시킨다.(1단계)
- 숙성시킨* '스쿠모'(すくも)°를 잿물에 녹여 발효시켜서
  염료액으로 한다.(2단계)
- 발효한 염료액에 천을 담근다 → 공기에 접촉시킨다. 이
  과정을 여러 번 반복하여 착색시킨다.

대략 이런 식이다. 타데아이는 발효 과정을
거치지 않고 보통의 초목 염색처럼 할 수도 있지만,
도라에몽 캐릭터 정도의 엷은 블루까지밖에 낼
수 없다. 그러나 타데아이 잎을 부엽토 모양으로

* 첫 단계의 발효가 끝난 스
쿠모를 싸서, 수개월 제조
뒤 사용하는 곳발도 있다.

° 갈대나 억새 따위의 말라 죽은
것. 여기서는 위 1단계에서 발효
된 부엽토 상태의 것을 가리킨다.

발효시켜 남색 색소를 농축하고, 염료액을 발효시켜 염색을 되풀이하게 하면 아주 짙은 인디고블루 색을 낼 수 있는 데다가 초목 염색보다 색소가 훨씬 오래 간다. 궁리에 궁리를 거듭한 기술이다. 쪽염색이란!

좀 더 자세히 살펴보자. 먼저 타데아이 잎을 부엽토처럼 만드는 1단계의 '스쿠모' 만들기부터. 도쿠시마에서 요시노강(吉野川)을 지나 서쪽으로 20킬로미터쯤 떨어진 곳에 있는 니이 제남소(新居製藍所). 이곳에 불가사의한 스쿠모 만드는 현장이 있었다.

입구를 들어서자마자 코를 찌르는 냄새가 확 끼쳐 온다. 암모니아다. 그 안쪽, 흙벽으로 된 널따란 방으로 들어서니 하얀 김이 자욱하게 피어오른다. 타데아이 잎이 발효하여 엄청난 열을 내며 암모니아 냄새를 풍기는 것이다. 안으로 들어가니 눈물이 줄줄 흘러내린다. 연기가 가득한 가운데 스쿠모 만드는 사람들이 산처럼 쌓인 타데아이 잎을 가래로 파내고 있다. 그리고 쪽 염색 직인 니이 씨가 물을 떠서 산처럼 쌓인 타데아이에 휙휙 끼얹는다. 그것을 몇 번이고 되풀이하며 타데아이 더미를 뒤엎고 습기를 더한 뒤 거적을 덮는다. 마지막으로 '쪽의 신'이라는 작은

스쿠모 만드는 과정의 일부
타데아이 더미를 가래로 뒤엎고(아래 왼쪽) 물을 뿌린다(아래 오른쪽)

요리시로(依代)° 같은 것을 산처럼 쌓인 타데아이 위에
얹어 작업을 마무리한다.

"잎을 쌓아서 발효시키는 최초의 과정으로,
산처럼 쌓인 타데아이 표면에 하얀 곰팡이가 빽빽이
생겨납니다. 그 위로 거적을 덮어서 따듯하게 하고
수시로 뒤집어 주며 수분을 공급하면 박테리아의
작용으로 열과 암모니아가 나옵니다. 이 발효를
촉진하기 위해 산소(가래로 작업)와 수분(물 끼얹기)을
공급해 주어야 합니다. 이것을 계속 반복하면 잎이
분해되어 스쿠모가 되어 갑니다."

니이 씨는 말한다. 미생물의 종류와 구체적인
대사작용은 잘 알지 못하는 듯하다. 나도 많은 논문을
찾아보았지만 자세한 것은 아직 명확하지 않다. 단,
농가의 퇴비 만드는 현장을 보아와서 그 과정과
경위는 짐작할 수 있다. 처음엔 곰팡이류가 들러붙어
잎의 세포막을 파괴하고, 다음으로 효소를 사용하여
활동하는 세균류와 사상균(絲狀菌)이라는 미생물들이
세포막에서 흘러나오는 당류와 단백질 등을 분해한다.
이때 호흡에 의한 열이 발생하고, 산처럼 쌓인 속의
온도가 점점 올라간다. 이어 고온에서 식물의 단단한
섬유질을 분해하는 미생물(방선균放線菌)의 작용이

활발해진다. 이후 온도가 떨어지는 과정에서 섬유질을
분해하고 남은 가스를 먹는 세균류가 모여들어
최종적으로 부엽토가 되어 간다. 퇴비와 비슷한 이런
과정이 스쿠모에도 일어날 것이다. 이 과정에서
인디고(indigo) 색소가 농축(혹은 변질)되어 가는 걸까?

　이후 수개월 걸려 생겨난, 발효한 타데아이
잎을 자루에 넣고 포장한다. 이것이 쪽 염색의 원료
스쿠모다. 여기까지가 1단계 발효.

　그리고 2단계 발효. 쪽 염색 현장이다.
　여기서부터는 쪽 염색 공방과 염색작가 손에
맡겨진다. 도쿠시마 시내에서 방문한 가지모토(梶本)
씨 공방에서는 마침 한창 염색액을 발효시키고
있었다. 염색액이 들어간 항아리 뚜껑을 열자 화려한
자색으로 요요하게 빛나는 염색액이 보글보글 거품을
내며 발효하고 있다.
　염색액 제조 공정을 따라가며 설명하자면,
먼저 재와 석회를 섞은 물에 스쿠모를 넣는다.*
강알칼리성인 물에 스쿠모를 반응시키는 것이다.
인디고 환원균이라는 세균류를 비롯하여 알칼리에
강한 특수한 미생물들이 활동을 시작하여, 스쿠모가

* 가지모토 씨의 경우, 먼저 스쿠모에 조개껍질을 태워 만든 재를 섞고, 뜨뜻하게 한 목회탕(木灰+)을 더하며, 영양원으로 니혼슈 이를 넣는다.

발효해서 물에 녹아들고, 화려한 자색 염색액이
생겨난다. 여기에 잠깐 천을 담갔다 꺼내 야외에서
말리면 산소와 반응하며 그 놀라운 쪽빛이 나타난다.

발효하는 쪽 염료액

색소가 어떻게 정착하는지는 pH 값을 어떻게
조정하느냐에 달렸다. 먼저 스쿠모를 만들면서
타데아이 속 인디고를 농축한다. 보통 잎 속에 갇혀서
밖으로 나오지 않는 그 색소를 강알칼리 환경에서
유리(遊離)된 상태가 되게 한다. 그리고 천에 인디고
색소를 옮기고 산소와 반응시켜 pH 값을 낮춤으로써
색소를 천에 착색시키는 것일 터다.

아~, 좀 어려울까? 비유로 설명해 보자. 평소
집에 처박혀 있는 오쿠테°인 남자가 여자만 모인
파티장에 마지못해 참석한다. 거기서 사람들이

○ 연애에 서툴고 소극적인.

추켜올려주며 알쫑거리면 그는 일시적으로 사교적이
되어, 그 자리에서 만난 어떤 여자와 좋아하는
사이가 되며, 갑자기 그녀의 집에서 함께 살게 된다.
이런 이야기에서 인디고 색소=오쿠테인 남자고,
파티장=염색액이며, 여자=발효균, 그녀의 집=천!
그리고 이런 과정을 거치며 쪽 염색이 멋지게 잘 된
천이 생겨나는 것이다.

현재의 도쿠시마에서 미마(美馬) 부근, 요시노강을
따라 펼쳐진 평야는 에도시대에서 메이지시대에
걸쳐 일대가 타데아이 밭이었다고 한다. 요시노강
유역은 자주 홍수가 나지만, 이런 환경이 습기 있는
토양을 좋아하는 타데아이 재배에 적합했다. 홍수가
날 때마다 밭의 흙이 바뀌어, 이어짓기에 따른
문제를 예방하는 효과가 있었다(그 대신 벼농사에는
적합하지 않았던 모양이지만). 니이 제남소가 있는
지역에는 스쿠모 만드는 공장이 많이 들어서 있었고,
요시노강에서 제품 형태의 스쿠모를 배에 싣고 세토
내해를 지나 전국 각지로 운반했다. 도쿠시마는

일본에서 '쪽의 주도(主都)'였던 것이다.

쪽빛은 중세 일본에서 '표준색'이었다. 아,
양조장에서 일하는 사람들이 입는 옷이나 앞치마도
쪽빛이다. 신분제도가 엄격했던 에도시대, 서민은
멋진 색의 옷차림이 금지되어 있었다. 그 가운데
허용된 것이 쪽 염색을 한 인디고블루. 초목 염색에
비해 색이 잘 바래지 않고, 면에도 마(麻)에도 실크에도
염색이 잘 되며 옷감이 강해지고 피부가 건조해지지
않는다. 이렇게 기능성이 풍부한 쪽 염색은 서민에게
더없이 친숙한 염색으로, 방대한 수요가 있었던
것이다.

쪽 염색 산업을 생각할 때 한 가지 중요한
포인트가 있다. 쪽 염색 공방은 일본 각지에
있지만, 염색 원료 스쿠모는 생산지가 한정되어
있다. 그중에서도 아와(阿波)는 질 좋은 스쿠모로
손꼽히는 산지다. 전국에 소비를 위한 수요가
있는 반면, '원료'를 생산할 수 있는 곳은 한정되어
있다. 이런 점은 비즈니스에서 더없이 유리한
요소다. 에도시대~메이지시대에서 아와의 특산품
'아와아이'(阿波藍, 아와 지방의 쪽)는 만들면 만들수록
팔리는 데다가 경쟁 없는 황금알이었던 것이다.

이 시대, 도쿠시마는 전국 각지에 스쿠모를 팔며 한껏 번성했다. 에도 니혼다리 부근에는 스쿠모를 솜씨 있게 파는 쪽 상인들의 지사(支社)가 늘어, 스쿠모 비즈니스로 대부호가 된 '아이다이진'을 배출했다.

그런데 도쿠시마 명물이라면 빼놓을 수 없는 것이 아와오도리(阿波踊り).° 이 아와오도리 문화는 아이다이진 접대에서 생겨난 것이라는 설이 유력하다.• 중세에는 선조 공양을 위한 봉오도리(盆踊り) 때 행해졌는데 아이다이진들로 말미암아 차츰 화류계에서 세련된 상연물이 된 데다가 점점 종교성이 옅어져 대중적인 예능이 되어간 듯하다. 아와아이로 번성한 지역 경제가 현대까지 계속되는 아와오도리 문화의 단서가 되는 것이다.

일본 근대화를 뒷받침한 니혼슈와 그것의 인프라가 된 나무통 그리고 도쿠시마의 아와아이. 모두 백 년쯤 전까지 일본을 지탱해 온 중요한 산업이다. 그러나 이후 현대에 이르기까지 쇠퇴일로를 걸어온 듯하다. 시대의 대세에 삼켜져 그들 문화는

° 도쿠시마현에서 8월 12~15일에 열리는 축제. 북, 피리 등의 악기와 노래에 맞추어 남녀 집단 이 멋신 조로 나서 거리를 누비며 춤을 춘다.

• 자세한 것은 가지 히로유키(鍛治博之)의 논문 「近世 德島における阿波藍の普及と影響」(社會科學」第45 卷, 同志社大學人文科學研究所編, 2016)을 참조.

소멸해 버리는 걸까?

나는 자신 있게 '아니라'고 하고 싶다.

대량생산·일괄 납품 방식을 소량생산·다양한
제품으로 바꿔 이익률을 최적화한 미야코비진의
경우를 생각해 보자. 다운사이징을 후퇴가 아니라
열성적인 팬 확보를 위한 진취적인 전략으로 하여
멋진 결과를 보여줬다.

균질화가 아니라 지역 특유의 개성을 주장하는
모노즈쿠리(物作り)°의 가치가 높아지면 양조장의
개성을 살리기 쉬운 나무통 문화가 되살아난다.
야마로쿠 간장은 나무통을 부활시키는 과정 자체를
중심으로 전국에 걸친 커뮤니티를 만들고 있다.

그럼 아와아이는 어떨까?

여기에도 새로운 흐름이 일고 있다. 니이 씨 같은
일부 직인이 필사적으로 지켜온 전통을 젊은 작가들이
재해석하여 모던한 표현으로 나타내기 시작한다.
게다가 그 흐름은 일본 국내에 머무르지 않는다.
내가 들른 어느 쪽 염색 공방에는 네덜란드 작가들이
연수차 와 있었다. 유럽에서 이미 잃어버린 쪽 염색
기술을 재발견하기 위해 일본에 온 것이다. 쪽을
사용한 그들의 작품은 전통공예의 틀에 머물지 않는

○ 혼신의 힘을 쏟아 최고의 물건을 만든
다는 뜻으로, 장인정신을 바탕으로 한
일본의 독특한 제조문화를 일컫는 말.

참신한 표현이 돋보였다.

앞서 살펴본 것처럼 사케와 나무통과 쪽 염색을
국가의 기간산업으로 하는 것은 비현실적일수도 있다.
그렇지만 글로벌 산업에서 벗어나더라도 적지 않은
사람들이 원하는 독특한 산물로서 대표적인 것이 되게
하는 것은 충분히 가능하다. 역사의 축적이 깊은 만큼
다른 누구도 흉내 낼 수 없는, 그 고장의 지역성을
잘 살리는 온고지신 문화로서 발효의 가능성은
무한하다. 그리고 그 개성은 로컬인 만큼 국경을 넘어
다른 나라의 로컬과 이어져, 서로 깊이 이해되며
받아들여질 수 있다.
　　일본 각지에서 발효를 둘러싼 새로운 흐름이 일기
시작하는데, 이는 일본뿐만 아니라 세계 곳곳에서
일고 있는 움직임과 이어져 있다. 작은 것은 큰 것에
삼켜져 사라져버리는 것이 아니라, 작은 채로 점점
커지는 변화를 일으킬 수 있다. 마치 미생물처럼.

Column 7

발효하는 곳에
신앙이 있다

제2장에서 다룬 '유(酉)', '주(酒)', '장(醬)', '양(醸)'의
한자 이야기에서 살펴보았듯이 발효문화는 신앙과
신에게 제사 지내는 일과 깊은 관계가 있습니다.

고대 아시아의 세계관

고대 중국에서 '유(酉)'의 상형문자는 술항아리[酒
壺]. 이것은 술과 조미료를 담그는 항아리를 나타내
는 동시에 철새와, 철새가 날아오는 서쪽을 가리켰
습니다. 게다가 항아리의 쓰임새는 조리용에 그치
지 않고 죽은 사람을 묻는 관(옹관묘)이기도 했습니
다. 이런 중층적 의미가 '양(醸)'이라는 문자에 생명
이 되살아나는 이미지를 만든 것이지요.

발효에 관한 일본인의 우주관

이 고대 아시아의 세계관은 일본 열도에도 이어졌
습니다. 생명을 생성하는 힘과 장소를 가리키는 고
어 '무스비'는 '낳는 혼(産す魂)' 외에도 '무스(蒸す)'
라는 차자(借字)°가 쓰입니다. 누룩처럼 곡물을 찌
는 것으로 생명이 되살아나는 밑바탕이 생겨납니
다.

○ 본래 뜻과 관계없이 음이나
뜻을 빌려서 쓰는 한자.

『고지키(古事記)』 서두, 신이 탄생하는 장면에 곰팡이가 피어오르듯이 생겨나는 '우마시아시가비이코치노가미'라는 이름의 토착 신을 이야기한 대목이 있습니다. 온난다습한 일본에서 생명은 곰팡이처럼 눈에 보이지 않는 곳에서 피어오르는 것이어서, '찐다'는 작업은 곰팡이 같은 미생물들이 활동하기 쉬운 환경을 만들어 주는 거라고 본 것입니다. 나아가, 술 담그는 항아리는 '다시라카'라 하여, 천황이 손 씻는 신령스러운 도구이기도 합니다.

술의 신 마쓰노오(마쓰오)

교토에 마쓰노오다이샤(松尾大社)라는 신사가 있습니다. 양조 관계자에게는 유명한 곳입니다. 술의 신 마쓰노오를 모셨으며, 매년 전국 술도가에서 참배하러 와서 술을 바칩니다. 각지의 술도가를 견학할 때, 만드는 곳을 잘 살펴보면 가미다나(神棚)°에 마쓰노오를 모신 것을 발견할 수 있을 것입니다. 마쓰노오다이샤는 교토 중심부에서 서쪽으로 떨어진 곳에 있습니다만, 헤이안쿄(平安京)가 세워지기 전부터 이 지역에 있던, 대단히 유서 깊은 신사입니다. 게다가 마쓰노오다이샤의 상징은 거북이와 항아리인데, 흐르는 물을 담아서 빚는 장소이기 때문이지요.

그 외에도 시마네현 이즈모(出雲)의 사카(佐香) 신사는 고대의 신들이 몇 달씩 주연을 벌이던 곳이

○   집안에 신을 모셔놓은 감실(龕室).

고, 나가노현 스와(諏訪) 지역의 고자이시(御座石) 신사는 고지키의 여신 누나카와히메가 탁주를 대접한 지역으로 문헌에 남아 있습니다.

해산물과 신사

축하할 때 쓰는 노시°의 기원을 압니까? 실은 중국에서 유래한 말린 전복에서 온 것입니다. 답례품으로 쓰이던 고급품인 전복 가공식품을 간소화한 것입니다.

시즈오카현 니시이즈(西伊豆)에서는, 소금에 절인 가쓰오(가다랑어)를 말려서 신에게 올립니다. 벼농사의 풍작을 비는 것처럼, 고기잡이의 풍어를 축

○ 축하의 선물에 덧붙이는 것.
색종이를 접어서 위가 넓고
길쭉한 6각형으로 만들고,
그 속에 얇게 저며 펴서 말린
전복을 붙여 선물 위에 얹어
보낸다.

시즈오카현 카네사의 시오 가쓰오

하하는 축제는 이즈 제도(諸島)의 고우즈시마(神津島) 섬에서 지금도 행해집니다. 전복 가공문화는 일찍이 니가이(煮貝, 전복의 간장절임), 가쓰오의 가공문화는 가쓰오부시로 발전했습니다.

쪽의 신과 장사의 번성

술과 해산물에 머물지 않고 쪽의 신까지! 스쿠모 만드는 현장에 가보면, 산처럼 쌓인 타데아이 위에 도쿠리에 꽂은, 잎 모양을 한 시메가자리(注連飾)° 같은 요리시로(依代)가 놓여 있습니다. '아이가미사마(藍神樣)'라는 이 장식물은 스쿠모 만들기의 수호신으로 여겨집니다. 도쿠시마 시에서 가까운 사나고우치무라(佐那河內村)의 오미야하치만(大宮八幡) 신사에는 이 아이가미사마가 모셔져 있습니다.

　일본 방방곡곡에서 발효에 관한 신사와 신앙의

　　　　　　　　°　　문 등에 치는 장식

후쿠오카현 이토시마 명란

자취를 이렇게 살펴볼 수 있습니다. 우리 집 근처,
와인 양조로 유명한 야마나시현 가쓰누마(勝沼)에
는 포도송이를 든 약사여래와 '보르도 신사'라는 신
사가 있습니다. 포도의 질병을 막는 보르도액이라
는 농약에 감사하여 이렇게 이름을 붙였다네요.
　"발효하는 곳에 신앙이 있다!…"

나가사키현
쓰시마섬

센

이즈하라

마쓰우라즈케

요부코

사가현

아카도즈케

아소

구마
모토현

미야
자키현

이비이

무카데노리

니치난

※ 제 8 장 ※

바닷가 사람들의 지혜

큐슈 지방

디자이너로서 독립한 직후인 20대 중반,
도쿄에서 일감이 없어 매일 빈둥거리며 하릴없이
시간을 보내고 있었다. 보다 못한 지인이 지방에서 할
만한 일을 소개해 주었다. 내 기질에도 맞는 듯했다.
그때까지 생소했던 지역의 삶과 문화를 살펴보며
이곳저곳을 찾아다녔다.

나라와 교토의 거리를 거닐며 충격은 시작되었다.
복잡하게 얽힌 골목이나 길 이름, 고색창연한
건축물의 풍정(風情)이 말을 걸어왔다.

"우리는 에도시대 이전부터 여기 있다오."

세월에서 풍겨오는 아우라가 예사롭지 않았다.
교과서에서 보아 오긴 했지만 도쿄에서의 생활이
전부였던 내게 '다른 원리와 경륜, 역사를 바탕으로
움직이는 도시'라는 존재가 충격으로 다가왔다.

그리고 몇 년 뒤, 큐슈를 오가며 일하게 되었을 때
또 놀랐다.

"우리, 아스카(飛鳥)시대 이전부터 여기 있다오."
하고 말을 걸어오는 듯했다. 가는 곳마다, 맞닥뜨리는
것마다 새로운 세계였다.

지도를 펴보면 한눈에 파악된다. 한국에서 큐슈
북부는 눈과 코만큼 가까운 거리. 게다가 이키(壹岐)

섬과 쓰시마 등 중간 기착지가 있다. 큐슈 서부는 중국
동부 해안지대에서 사람과 문물이 자주 이동해 왔다.[•]

아마미(奄美)와 류큐(琉球) 지역은 타이완과
동남아시아 여러 섬으로부터 끊임없이
문화가 밀려왔을 것이다. 간토(關東) 지방에서
'조몬시대부터 이곳에 건너와서 수렵과 채집을
하고 있었습니다!'[••]라고 하는 것과는 차원이 다른
관계였다. 아시아 지역의 다양한 문명과 물산 등이
바다를 통해 교류되었고, 정보나 문화가 간단없이
오갔다. 아스카 조정이 세워지기 전의 선진 지역[•••]은
큐슈였던 셈이다. 역사적인 흐름이나 기후, 풍토 등도
본토와는 확연히 다른 큐슈의 발효문화. 역시 대단히
특이하다!

47도도부현의 발효 기행, 마지막은 큐슈의
알려지지 않은 갈라파고스 같은 발효문화를 둘러보는
여행이다.

2월 끝 무렵부터 3월에 걸쳐 남쪽에서 봄의
숨결이 다가온다. 미야자키역에 도착하여 외투를

• 거듭되는 문물의 흥망에 의한
민족 이동으로 한(漢)민족 외의
사람들이 도래해온 듯하다.

•• 내가 사는 야마나시와 나가노의
산악지대에는 조몬 문화의 유적은
많지만 야요이 문화의 흔적은 적다.

••• 야마타이코쿠(邪馬台國, 야마토구
니라고도 함―역자)를 비롯하여, 호족 지
배에 의한 소국 연합 시대.

벗어든 채 광장으로 나섰다. 널따란 터미널 너머, 곧게 뻗은 대로변에는 야자나무들이 보초병처럼 서 있다. 눈부신 하늘, 섭씨 15도 정도의 쾌적한 날씨다. 최근까지 추위에 움츠리며 들른 니혼슈 양조장이나 나무통 만드는 현장에서 함께한 시간들이 믿기지 않는다. 드디어 남국에 왔다!

"'무카데노리'—이 고장 사람도 잘 모르는 특이한 음식이다."

미야자키 출신 친구에게 들은 정보를 토대로 먼저 현지 사정부터 파악하기로 했다.

이야기가 좀 벗어나긴 하지만, 내 여행 패턴이 바뀌어 간 것을 조심스럽게 이야기해 보겠다. 여행 초기에는 현지에 가기 전에 반드시 취재 약속을 잡기로 했다. 헛걸음을 피하기 위해서는 물론 예의상 당연히 해야 하는 거지만 도중에 그 과정을 건너뛰기로 했다. 계속 그랬다가는 '누군가가 이미 걸었던 길'을 따라갈 뿐이기 때문이다. 책이나 잡지, 인터넷에서 확인된 정보에 의지하다 보면 내가 꼭 보고 싶은 것을 놓치기 일쑤다.

"그럼 히라쿠 군이 보고 싶은 풍경은 어떤

것인가?"

　　그 고장의 일상에서 이어져 온 '모노즈쿠리'의
현장이다. 가능하면 시내 점포나 양조장, 더 나아가
집에서 '수작업으로 만드는' 현장이라면 더할 나위
없이 좋다. 그야말로 불쑥 찾아오는 미지의 세계를
만나고 싶다. 에히메현의 이즈미야, 홋카이도 동쪽의
야마즈케, 아오모리현의 '고도',* 야마가타현의
'센지키우리',** 미야기현의 '아자라'*** 등, 여행 내내
만날 수 있었던 독특한 발효문화의 자취가 많다.
빡빡한 일정에 따라 '오늘은 여기, 다음은 이 숙소'로
움직이다 보면 꼭 둘러봐야 할 것을 놓치기 쉽다.

　　발 가는 대로, 마음이 움직이는 대로, 내일 여정은
내일 정하면 그만이다. 먼저 내 몸을 옮긴다. 그곳에서
움직이며 생각한다. 그러다 보면 반사신경과 직감이
단련된다. 알고 싶은 것을 가르쳐줄 듯한 포인트와
사람들이 반짝이며 눈에 들어온다. 아무것도 정해지지
않았다는 바로 그것 때문에 만나려는 상대방이 "지금
와요?" 하면 "네, 지금 갑니다!"라고 즉시 답할 수 있는
것이다.

　　여행은 자신을 싹 비우고 미지의 만남에 자신을

* 아오모리현 도와다 지역의 향토 요리. 낫토와 누룩을 섞은 수수께끼 같은 음식이다.

** 야마가타현 쇼루오 카에 절하는 오이 피클.

*** 미야기현 게센누마의 어부 요리. 자세한 것은 9장에서 다룬다.

맡기는 것. 매일매일이 흥미진진하게 펼쳐진다.

연고 없는 지역의 발효문화에 관한 정보를
얻으려면 두 가지 방법이 있다. 하나는 길모퉁이에서
아주머니들을 붙잡고 수다스럽게 이야기하는 것. 다른
하나는 그 고장만의 느낌이 물씬 한 이자카야 같은
음식점(카운터 중심의 작은 요릿집이 바람직하다)에 오픈
시간에 맞춰 가는 것이다. 이렇게 하면 음식 정보에
밝은 주인장(간혹 여주인이기도)과 카운터를 사이에
두고 시시콜콜한 이야기를 나눌 수 있다.

미야자키에 도착한 날 밤. 숙소 근처 작은
식당에서 이모저모를 알아보았다. 흠집 하나 없이
매끈한 판자의 카운터. 바로 머리맡의 텔레비전에서는
나이트 야구 경기가 한창이다. 몇 안 되는 테이블인데
모두 '예약석'이란 팻말이 놓여 있다. 이 고장 사람들이
즐겨 찾는 대로변의 정겨운 가게! 더할 나위 없이
완벽하다. 그 고장 소주를 더운물에 타서 홀짝이며,
묵묵히 생선을 손질하고 있는 주인장에게 말을

건넨다.

"혹시 '무카데노리'를 아시나요?"

주인장의 손이 갑자기 멈춘다.

"실례지만 뭐 하는 분인가요?"

"아, 저는 보잘것없는 발효 디자이너입니다만…."

내 소개를 하니 주인장이 '음, 그렇군!' 하는
표정이다.

"무카데노리는 니치난(日南)이라는 지역의 향토
음식입니다. 미야자키 사람도 거의 모르지요. 참, 내
친척 집에서 만들고 있었는데…."

그는 곧바로 휴대폰으로 연결해 주었다. 아쉽게도
주인장의 친척은 수작업 일을 이미 그만두었다고
한다. 그 친척이 추천하는 다른 가게를 찾아 니치난
해변으로 향했다.

다음 날, 역 앞에서 차를 빌려 니치난 해안을 따라
남으로 남으로 내려갔다. 햇살이 강하다. 차창으로
들어오는, 늘어선 야자나무와 그 맞은편으로 파도가
비늘처럼 반짝이는 휴가나다(日向灘)가 보인다. 불쑥
밀어 올려진 듯한 산기슭과 해안선 사이 220번 국도는
아직 3월이 안 되었는데도 초여름 같다. 미야자키에서

니치난 해안

30킬로미터쯤 내려온 바닷가에 이비이(伊比井)라는
무인(無人) 역이 있다. 그 역 앞에 무카데노리 만드는
상점이 있을 듯해, 남국의 느낌 물씬한 역 주위를
빙 돌아서 걸었다. 하지만 가게라고는 전혀 보이지
않는다. 툇마루에서 볕을 쬐고 있는 아주머니께
"무카데노리 파는 집을 찾고 있습니다만…" 하고
여쭤보니 "아, 어부 가족이 수작업으로 만들고 있지요.
요즘은 안 만드는 것 같던데."라며 말꼬리를 흐린다.
    아주머니가 알려준 집을 찾아갔지만 인기척이

없다. 함께 알려준 전화번호로도 연결되지 않는다.
다른 가게도 수소문해 보았지만 "무카데노리? 아,
키린사이로군요. 올해는 원료를 구할 수 없어서 안
만들어요." 하는 반갑지 않은 대답만 돌아온다. 대체
어디로 가면 무카데노리를 만날 수 있을까? 맥이
빠지기도 했지만, 계속 남쪽으로 내려갔다. 오래된 성
아랫마을로 유명한 오비(飫肥)를 지나 향토 음식점에
들러 보기로 했다. 혹시 메뉴에 있지 않을까? 에라,
밑져야 본전인데. 그냥 들어가 보니 이게 웬걸,
무카데노리가 있었다!

    "그렇다면 무카데노리란 무엇인가?"
    아, 그렇다. 아직 제대로 설명하지 않았다.
무카데노리란, 니치난 해안에서 채취할 수 있는
키린사이라는 해조류로 만든 한천 같은 것을 된장에
절인 것이다. 이거야말로 남국의 바닷가다운 발효
레시피다. 원료 키린사이를 그대로 요리 이름으로 한
것이기도 하다. 식당에서 일하는 여자분께 여쭈어보니
    "무카데노리는 이 주변에서 예부터 먹던
것이었지만… 유래는 잘 모르겠습니다. 노인들이
좋아하는 음식이라고들 생각하죠. 몇 년 전부터

원료인 해조류를 전혀 구할 수 없네요. 예년에는 매점에서도 팔았지만, 이제는 가끔 점심 식사에 곁들여 나오는 밑반찬 정도가 고작이에요."라며 원료를 구할 수 없다고 거듭 말한다. 여기까지 온 김에 무카데노리에 대해 좀더 알고 싶어 다시 매달려 보았다. '슈퍼마켓과 마을'이라는 체인점에서 팔지도 모른다는 귀띔이다.

말이 떨어지기 무섭게 제일 가까운 체인점으로 향했다. 드디어 거기서 만났다! 생선 가공품 코너에서도 눈에 잘 띄는 곳에 무카데노리가 있다! 두 팩을 집어 계산을 마치자마자 포장 뒷면에 적혀 있는 공장으로 차를 몰았다. 차로 10분쯤 걸리는 교외에 있었다.

갑작스러운 방문에 '도무라(戶村) 푸즈(Foods)' 직원들이 당혹스러워한다. 여직원 중 한 명이 나를 알아본다. "아, 얼마 전에 텔레비전에° 나온 분이죠!" 분위기가 한층 화기애애해진다. 모두 환영하는 가운데 무카데노리 만드는 현장을 둘러볼 수 있게 되었다. 만드는 법은 대충 이렇다.

봄이 무르익으며 따뜻해질 때 니치난 해안에서

° 43쪽에서 소개한 '아오가시마의 밸리 푸드'일화에서 엿그릇밭 빼닮은 NHK 생방송을 미야자키에서 본 사람이 있었다.

키린사이를 채취한다. 10분의 1 정도로 부피가 줄어들
때까지 몇 번이고 볕에 말린다. 건조시킨 키린사이를
물에 넣고 졸이면 녹아서 젤라틴 모양이 된다. 이 젤리
상태의 것을 사각형 틀에 넣어 식히면 블록 모양의
분홍빛 한천이 된다. 이것을 된장에 1~2주 정도
담그면 무카데노리가 완성된다.

"키린사이는 지네 같은 모양일 거야. 그걸로
만드니까 무카데노리인데, 이 니치난 지방에서는
예부터 내내 손으로 만들어온 음식이지."

키린사이를 가위로 가늘게 자르던 아저씨가
한마디 거들었다. 가위로 잘게 잘라서 만들면
해조류의 섬유질이 잘 녹아서 매끌매끌한 한천이
되는 듯하다. 섬유질이 남아 있는 거친 질감인 것을

무카데노리

좋아하는 사람도 있다던가.

"무카데노리는 바닷가에서 만들지만 산간
마을에서도 먹어 왔어. 오봉(お盆) 때 조상들에게
이걸 바치는 풍습이 있지. 어째서 그런지는 모르지만
며칠이고 보존할 수 있으니, 조상에게 바친 뒤에
먹어도 배탈이 나지 않았을 거야."

알면 알수록 수수께끼가 남는 무카데노리. 그
맛은 대충 이렇다. 곤약보다 탱글탱글하여 씹히는
맛이 있는 독특한 질감이다. 큐슈 지방의 달고 감칠맛
나는 된장 맛이 잘 배어 있어, 몇 개라도 덥석덥석 먹을
듯하다. 밥반찬은 물론 소주 안주에도 어울릴 특이한
맛이다.

가는 곳마다 "원료가 없어서요."라고 하는 까닭도
알게 되었다. 최근 기리시마(霧島) 산악지대의 분화로
바다 생태계가 변해 키린사이를 채취하기 어려워진
데다가, 그것을 채취하는 어부도 급격히 줄었다.
집에서 수작업으로 만드는 사람마저 점점 적어진다.
그래도 예부터 전해 내려오는 음식에 익숙한
어르신들이 찾고, 오봉 때를 비롯한 제수용품 수요가
여전히 있다. 도무라 푸즈에서는 어떻게든 키린사이를

찾아 모아 수작업으로 명맥을 이어가고 있다. 로컬
수퍼의 모범적인 모습이다!

미야자키로 돌아오는 길에 니치난 해안가
주차장에 차를 세우고 야자나무에 기대어 꾸벅꾸벅
조는 호사도 누렸다. 화사한 햇살에 산들바람이
꿈결같이 뺨을 스쳐간다.

봄이 시작되었건만 이 여행은 끝나가고 있었다.

바다를 실컷 즐겼으니 이젠 산이다.

미야자키에서 서쪽으로 향한다. 가고시마에 들러
고구마소주 문화의 자취를 맛보고* 그 현장과 자취도
살펴보았다. 이젠 구마모토 동쪽 아소(阿蘇) 지역으로
갈 차례다. 큐슈 자동차 전용도로로 구마모토
부근까지 가서 일반도로를 따라 아소산으로 향한다.
대지진 여파로 통행 금지된 도로가 곳곳에 나타난다.
우회를 거듭하며 산허리를 감아 나아가니 드디어
아소 파노라마 라인이 나타난다. 오를수록 경치가
달라진다. 화구(火口) 근처까지 가니 놀라운 세계가
나타난다.

• 고구마소주의 주산지는 가고시마.
현 내의 114개의 소주 양조장이 있다.

"어어, 뭐지? 이건?"

산의 경사면을 온통 뒤덮은 황금빛 건초 능선. 금빛 대지가 시야 가득 펼쳐진다. 산정에는 안개인지, 화구에서 피어오르는 연기인지 온통 하늘을 덮고 있다. 지금까지 본 적 없는 이채로운 세계가 다가왔다. 문득 충돌사고를 당해 저세상으로 가버리는 건 아닐까 하는 생각이 들 정도였다. 몽환적인 세계로 빠져드는 듯했다.

차를 세우고 황금빛 대지에 뛰어든다. 정신없이 경사면을 올라, 드넓은 평야가 한눈에 내려다보이는 곳에 앉는다. 산기슭에서는 소들이 여유롭게 풀을 뜯고 있다. 황금빛이던 세상이 새하얗게 바뀐다. 안개에 휩싸여 버린 것이다.

여행의 깊숙한 곳으로 빠져들면 즐거움보다는 왠지 두려움이 엄습하며, 자기탐구보다도 자신의 모습을 놓치는 쪽으로 치닫는 듯하다. 어디인지 알 수 없는 세상 끝에 이르러 불안해하며 이제까지의 인생을 망각해버리는 듯한, 그런 순간을 기다리고

겨울 아소산

있는 자신이 있다. 배낭 메고 세계 각지를 여행할 때,
여행이란 '자신의 세계를 여는 것'이라고 생각했다. 본
적 없는 광경을 보고 싶었다. 자기 외부 세계의 문을
열어보고 싶었다. 그런 '미지의 것에 대한 초조함'은
여행이 일의 일부가 된 수년 전부터 점점 빛이
바래져 갔다. 그 대신 '자신의 세계가 닫히는 순간'에
맞닥뜨리게 되었다. 기억의 어두운 밑바닥에 가라앉아
있는, 전에는 자신에게 가까이 있었을 테지만 이제는
왠지 섬뜩하게 풍화되어 버린 세계. 여행은 미지의
문을 열고 마음의 빛을 비추는 것만은 아니다. 내내
닫힌 채로 있던 녹슨 문을 어둠 속에서 찾아내는
여행도 있다.

　　여행하고 여행하고 또 여행하며 마침내 다다르는
궁극의 풍경은 웅대한 자연도 장려한 신전도 아니고
자신의 심상(心象) 풍경인지도 모른다. 하고많은
다양한 경치를 둘러본 뒤의 심상 풍경은 바닥이
보이지 않을 정도로 깊고, 무수한 기억의 거품이
소용돌이친다. 말이 통하지 않는 아시아 거리의
붐비는 곳에 처음 발을 들여놓았을 때의 흥분. 유럽의
미술관 지하에서 고대 세계의 수장품을 물리지 않고
실컷 바라본 불가사의함. 여정을 따라가는 내면의

움직임은 이윽고 어린아이 때 피부로 느낀 기억을 떠오르게 한다. 개울가에 쨍쨍 비치는 햇살, 집에서 혼자 열에 들떴을 때 창밖으로 보이던 구름의 형상. 어렸을 때 헤엄치던 바닷가의 차가운 기운 감도는 눈부심. 그리고 그 반짝임 저편에서, 더 이상 만날 수 없게 된 할아버지와 친구가 내게 부르는 소리가 들려온다.

　　자, 계속 가야지.

　　안개를 헤치며 내려가니 아소 시내에 다다른다. 여기서 만난 것은 '아카도즈케'라는 소박한 쓰케모노다. 마을 중심가에서 10킬로미터쯤 서쪽 산자락에 불쑥 나타난 농가 레스토랑 '나노하나'(菜の花, 유채꽃). 이곳 주인 아주머니가 아소와 연관 있는 발효식품을 만들고 있었다.

　　아카도즈케는 아카도이모라는 이 지역 고유의 토란 줄기를 유산발효시킨 것으로, 선명한 분홍색 쓰케모노다. 여름에서 가을에 걸쳐 1.5미터 정도로 무성하게 자란, 잎 달린 줄기의 부드러운 부분을

조심스럽게 잘라낸다. 그것을 물에 잘 씻어서—경우에
따라서는 한동안 물에 담가 소금으로 비벼서—하룻밤
담가 둔다.(다른 쓰케모노에도 으레 있는 공정) 그러면 긴
줄기가 부드러워져서 나무통에 담글 수 있게 된다.

그리고 두 번째 담금 과정.(식초를 넣기도 한다.)
나무통에 무거운 것을 얹고 며칠 사이에 올라오는
거무스레한 수분을 제거하면서 마지막으로 1~2주
정도 발효시키는 사이에 아름다운 분홍색의, 말로
표현할 수 없는 질감을 지닌 음식이 생겨난다.
씹어보면 부드러운 줄기에서 신맛 나는 즙이
흘러나오고 살강거리는 식감도 남아 있다. 이
고장에서는 '밭의 말고기 사시미'라는 별명이
붙어 있다지만, 아무리 생각해도 말고기 사시미는
아니다. 솩~~하고 맛이 스며나오는 고야(高野)
두부와 아삭아삭하는 다카나(高菜, 갓) 쓰케를 더해서
셋으로 나누고 유산(乳酸)의 맛과 향을 곁들인 듯한
불가사의한 맛이다.

아카도즈케는 토란의 부산물로 생겨난
것이다. 화산지대여서 평지가 적고 척박한 아소의
토양은 벼농사에 적합하지 않았다. 그래서 귀중한

아카도즈케

칼로리원이 된 것이 토란이다. 줄기 부분을 절여서
비타민 공급원으로 했을 것이다. 바다에서 먼
산간지대에서는 생명 유지에 필수적인 탄수화물과
전분질을 확보하려고 눈물겨운 노력을 했을 것이다.
게다가 구마모토에는 중세부터 말고기 먹는 문화가
내려오고 있다. 육식이 금지되어 있던 일본에서는
드문 일이지만, 바다에서 멀고 어패류로 단백질을
섭취하기 어려웠던 까닭에 생겨난 고육지책이었음에
틀림없다.(그래도 말고기는 쓰지 않고 오히려 달다.)

아카도즈케 만드는 법을 가르쳐준 아주머니.
밭일하는 틈틈이 식재료도 가공하고, 레스토랑 운영도
도맡아 하니, 슈퍼우먼 같은 분이다. 예순 넘어 취미

삼아 손수 뭔가를 만드는 것에서 발전하여 이제는
식당 운영도 식품 가공도 생업 차원에서 하게 되었다.

"아카도즈케, 손이 많이 가는 것에 비하면
별로 돈이 되지 않아요. 그래도 괜찮습니다. 나이
들어 취미로 시작한 거니까요. 아무도 거들떠보지
않는 것을 만들고 있으면, 가끔 당신 같은 분들이
찾아오죠. 돈, 돈 하며 악착같이 매달리지 않아도 되고,
소일거리로도 나쁘지 않다고 생각해요."

하하! 하고 힘 있게 웃는 아주머니와 담소를
나누고 있는데, 딸 미에코(美惠子) 씨가 돌아왔다.
환갑을 지나 일을 시작한 어머니의 열정에 이끌려
딸도 합류한 것이다.

"어머, 어머. 멀리서 잘 오셨네요. 저, 저희 어머니,
기운이 넘치지요?"

그렇다. 대단히! 아소산의 화신이 아닐까?(싶을
정도다.)

산에서 이번에는 바다로 간다.
후쿠오카에서 북서쪽을 향해 비행기로 30분.

큐슈와 한반도 사이에 있는 쓰시마(對馬)에 도착한다. 몽골 침입 때 격전지로 알려진 한반도로부터의 현관 역할을 하는 곳이다. 이 섬에 '센'이라는 쓰시마 고유의, 상상을 초월하는 발효문화가 있다.

쓰시마 공항에서 시내로 가는 버스를 타니 멋진 차림새의 한국인 젊은이들로 북적인다! 봄 휴가차 온 듯하다. 쓰시마는 부산에서 배로 한 시간 남짓. 히메지나 다카마쓰에서 쇼도시마에 놀러 가는 기분으로 이국땅 시골 변두리에 놀러 올 수 있는 거다. 일본 혼슈에서는 후쿠오카까지 와서 비행기로 갈아타야 하지만 한국에서는 잠깐이면 다다른다. 큐슈나 오키나와는 재미있게도 이런 곳이 몇 군데나 있다.

'섬이라 하면 바다!'를 떠올리게 되지만 쓰시마는 길이 82킬로미터의 가늘고 긴 지형 대부분이 산간지대이며, 바닷가라도 해변의 면적이 작다. 그러한 산의 섬, 쓰시마의 중심지 이즈하라에 가까운 우치야마(內山) 지역에서 민박을 운영하는 우치야마(內山) 씨 부부를 찾아갔다.

쓰시마에는 일본에서 흔히 접할 수 있는 습한 산과도 다르고, 아마미나 오키나와 같은 남국의

삼림과도 다른, 건조한 대륙 같은 삼림과 산세가
펼쳐진다. 그 산의 기슭, 평평한 돌을 쌓아 올린 진귀한
돌기와로 지붕을 덮은 작은 집 처마에서 '센'을 말리고
있었다.

　센이란 무엇일까? 한마디로 하면, 발효의 힘으로
고구마에서 전분을 빼낸 것이다. 말린 경단 모양이며,
쓰시마의 전통적인 보존식품이다.
　원리로 말하자면 가와사키다이시의
쿠즈모치(칡떡)와 좀 닮았다. 쿠즈모치는 밀가루에서,
센은 고구마에서 전분을 추출한다. 단, 센 쪽이 몇 배나
손이 간다. 만드는 방법은 이렇다.

경단 모양의 센

- 가을 무렵 수확한 고구마를 씻어 잘게 자른다.
- 자른 고구마를 물에 담가 떫은맛을 없애고, 첫 발효(아마도 유산발효)를 시킨다.
- 한 달쯤 물에 담근 뒤, 고구마를 건져 주머니 등에 싸서 몇 주 더 발효시킨다.
- 부드러워진 고구마를 으깨어 경단 모양으로 굳혀 야외에 두면 곰팡이류 등 여러 가지 균에 의해 발효된다.
- 몇 주 지나 곰팡이가 빽빽하게 생기면 또 물에 담근다.
- 몇 번이고 떫은맛을 제거하며 숙성시켜 간다.
- 녹인 경단을 자루에 걸러 전분질을 가라앉힌다.
- 천을 걸친 그릇에 전분을 올려놓고 물기를 없앤다.
- 전분을 작은 경단 모양으로 만들어 처마 끝에서 말린다.

가을 초입에 시작하여 첫 완성은 새해가 밝은 뒤. 결국 넉 달 이상 오래도록 잔손질을 거쳐 완성한다. 햇볕에 말린 경단 모양의 센은 썩지 않고 내내 보존해 둘 수 있다. 그것을 물에 담근 다음 쪄서 떡처럼 만들거나 국수로 해서 먹는 것이 일반적이다. 식감은 과연 전분 덩어리다. 탱탱하고 찰기 있고 고구마 같은 단맛과 발효의 신맛이 살짝 감돈다. 닭고기 육수에 센으로 만든 검은 면을 넣어서 먹는 '로쿠베에'는 이 여행에서도 손꼽히는 멋진 로컬 발효음식이다!…

"어지간히 손이 많이 가죠. 다 만들 때까지 천 번 손이 가기 때문에 '센'°이라는 이름이 붙었다는 이야기도 있어요"라며 우치야마 아주머니가 웃는다. 하지만 외딴 섬이라 해도 어째서 이렇게까지 손이 많이 가는 음식 문화가 생겨났을까? 그 힌트는 쓰시마의 기후 풍토에 있다. 남미가 원산지이고 대항해시대에 아시아 대륙을 거쳐 일본에 건너온 고구마는 혼슈만큼 벼농사가 발달하지 않은 큐슈에서 널리 보급되었다. 하지만 고구마는 겨울 추위에 약하다. 10도 이하로 내려가면 바로 썩어버린다. 음식물은 더울수록 상하기 쉽지만 남국 땅에서 생겨난 고구마는 거꾸로다. 고구마 보급의 중심지가 된 가고시마(사쓰마)와 달리 쓰시마의 겨울은 춥다. 가을에 수확한 고구마가 무사히 겨울을 나게 하는 것은 쓰시마 사람들에게 대단히 중요한 과제였다. 그 해결책으로 센이 태어났다. 발효시켜 전분을 추출하면 썩지 않고 오래 보존할 수 있다. 말린 경단 모양으로 저장해 두면 언제든지 먹고 싶을 때 경단이나 국수 형태로 배불리 먹을 수 있다.

°'친구'의 일본어 발음이 '센'이다.

● ✳ 233

혹독한 겨울을 살아남기 위해 천 번의 수고를 하고 천 가지 지혜를 짜낸다.

발효는 갇힌 땅에서 생존하기 위한 예지(叡智)의 결정체. 그런 것을 뚜렷이 재확인해준 멋진 문화다.

※

사가현 켄카이나다(玄海灘)에 면한 항구마을 요부코(呼子). 쓰시마에서 이키(壹岐島) 쪽으로 바다를 따라 내려간 곳에 있는, 한반도로 향하는 현관이다.

"어, 사가의 켄카이나다? 어디선가 들은 것 같아…."

실은 이 책 서두에서 이야기한 내 외가가 이 부근*이다. 유소년기에 먹어본 '마쓰우라즈케(松浦漬け)' 만드는 곳에 들르러 왔다. 큐슈에서는 알 만한 사람은 아는 진미 마쓰우라즈케. 요부코에 있는 마쓰우라즈케 본점이 140년쯤 전에 만들기 시작한 발효식품이다. 고래 위턱 연골을 술지게미에 담그는 것으로, 발상이 매우 신기하다. 마쓰우라즈케 본점에서 들은 마쓰우라즈케와 요부코 마을의 에피소드는 꽤 흥미진진했다.

* 사가현 가라쓰 북부의 끝 부분. 요부코, 미나토(湊), 나고야(名護屋) 등. 히데요시가 조선에 침입할 때 거점이었다.

요부코는 오늘날엔 오징어 항구로 알려져
있지만, 에도시대 초기(17세기)에서 1955~1960년
무렵까지는 큐슈 북부에서 고래잡이로 손꼽히는
곳이었다. 그곳에서 나카오 진로쿠(中尾甚六)라는
고래잡이 부자가 나타났고, 그의 본업이 이어져
고래잡이 회사로 발전해 간다. 요부코에는 유곽의
흔적이 있었는데, 어렸을 때는 '촌티 나는 곳에 웬 이런
것이…' 하며 의아해했다. 그러나 거기에는 까닭이
있었다. 고래잡이가 성했던 쇼와시대(1926~1989) 초기
요부코의 모습을 담은 사진을 보면, 길이 25미터쯤
되는 거대한 고래 주변에 사람들이 북적댄다.

　　고래잡이는 사람과 돈을 불러들이는 '바다의
기간산업'이었던 것이다.

　　마쓰우라즈케는 그런 고래잡이 마을에서
생겨난 음식이다. 포경 회사의 유력한 후원자인
야마시타(山下) 집안의 안주인 쓰루 여사가 고래에서
쓸모없는 부위를 어떻게든 먹게 할 수 없을까 하며
고안해낸 것이다. 거대한 고래는 식용 고기 외에
기계용 기름과 낚싯대 부품에도 사용하는 등, 뼈와
가죽과 이빨과 내장까지 쓰임새가 다양했다.

　　그런데 그 가운데 용도가 딱히 마땅치 않은,

시로나가스 고래(메이지시대, 마쓰우라즈케 본점)

기름 짠 뒤의 연골. 이것을 가공하여 음식으로 할 수
없을까… 했는데, '시댁인 술 양조장의 술지게미로
담가보자!'라는 아이디어가 떠올랐다. 마침내
세상에서 드문, 고래를 재료로 한 발효 진미가 탄생한
것이다….

　　마쓰우라즈케는 어떻게 만들까?. 마쓰우라즈케
본점 영업 총괄 나미구치(浪口) 씨에게 물어보니
"마쓰우라즈케 만드는 법은 일자상전(一子相傳)°
문외불출(門外不出)이라서…"라며 외부로 공개하지
않던 터인지라 대략의 윤곽만 가르쳐주었다.

　　기름을 짜낸 고래 연골을 잘게 자른 뒤, 밟아서
굳게 하여 공기를 빼낸 상태로 숙성시킨 술지게미에

○ 한문이나 기예(技藝)는
을 자녀 중 한 사람에게만
전하고 비밀로 하는 것.

고추와 당류, 소금 등을 넣어 매콤달콤하게 맛을 낸 것에 담근다. 몇 달 정도 재워두면 '마쓰우라즈케'가 완성된다. 술지게미의 흐물흐물한 페이스트가 뒤섞인, 얼핏 보기에 오징어 사시미 같은 하얀 물체. 입에 넣어보면 갸우뚱해진다.

"오!… 이 식감은… 목이버섯?!"

쓰케도코의 단맛과 신맛, 술지게미 특유의 향과 감칠맛이 목이버섯 모양의 연골을 씹을 때마다 밀려오는, 참으로 독특한 맛이다! 이제는 고급 진미로 알려진 마쓰우라즈케, 어릴 때는 그런대로 손쉽게 먹을 수 있었다. 밥에 얹어서 먹으면 그야말로 밥도둑이고 오차쓰케에 곁들이는 것으로도 최고다. 그리고 어른이 된 지금, 아무리 생각해도 술안주로 맛보고 싶은 욕망을 억누를 수 없다…! 사가현의 이름난 술을 시음하면서 마쓰우라즈케를 조금씩 먹으면… 하고 상상하는 것만으로도 까무라칠 것 같다.

고래 연골 자체는 거의 맛이 없지만 식감이 탱글탱글하며 씹는 맛이 있다. '쓰케모노로 만들어 보면 맛있지 않을까, 어떻게든 해서 고래의 모든 부위를 먹어치워야겠다'는 야마시타 집안의 집념에서 생겨난 것이 이 마쓰우라즈케다.

…아, 야마시타 가문? 어머니의 옛 성(姓),
야마시타다!

"저, 여보세요. 히라쿠입니다. 지금 요부코에
있는데요, 마쓰우라즈케를 만든 야마시타 집안을
아시나요?"

"아, 우리 마을은 외지 사람이 들어오지
않는 고장이어서 '야마시타' 성이 대단히 많아요.
모두 대대로 고기잡이하는 집안으로, 이 일대는
전국시대(戰國時代)° 이전부터 있던 수군(水軍) 일족이
오랜 경로를 거쳐온 것 같아요. 술 양조장? 야마시타
주조장이죠? 고래잡이로 큰 부자였던 나카오 집안의
술 양조장으로, 내가 어렸을 적까지 영업을 하고
있었습니다."

발효문화의 자취를 찾아 왔다가 우리 집안 내력을
발견하고 말았다. 할아버지가 어부였던 것도 계보에
확실하게 있었다. 이 고장은 기타큐슈와 한반도,
중국 대륙을 오가던 해양민족°의 거점이었던 듯하다.
나카오, 야마시타 가문은 근대화와 함께 이리저리
흩어지면서 해양민족의 계보를 힘겹게 이어왔다.
마쓰우라즈케는 고래잡이 집안이 걸어온 운명이

° 15세기 말~16세기 말에 걸쳐 전란이
지주 일어나던 시대.

• 나가사키와 사가 북쪽 해안, 한
반도를 오가던 마쓰우라토(松浦
黨)라는 바다의 호족이 그 시조다.

기록된, 기억의 방주였다.

"어부들을 태운 배는 고래잡이하러 가기 전에 항구를 세 번 빙빙 돌고서 출발합니다. 고래는 신의 화신(化身)이니, 신의 세계로 가기 위한 의식이었던 거지요."라고 나미구치 씨가 고래를 찍은 흑백사진을 보면서 불쑥 말했다.

지금은 쥐죽은 듯 조용한 요부코 마을. 집 앞에서 어부들이 낚싯대에 미끼를 달거나 그물을 짜거나 한다. 고래잡이 배가 빙빙 돌던 항구 앞에 앉아서 가만히 바다를 바라본다. 할아버지의 기억이 되살아나는, 그립고 또 그리운 바닷바람 냄새다.

아자라 ● 게센누마

미야기현

센다이 ○

❋ 제9장 ❋

기억의 방주

바다가 있고, 산이 있고, 마을이 있고, 섬이 있다.

다양한 지역에서 사는 다양한 사람들이 엮어온
고장들의 기억. 여름 햇살에 땀 흘리고 겨울 눈발에
손발이 곱아져 가면서 멋진 경치와 사람들을
헤아릴 수 없을 정도로 만났다. 그 기록을 돌아보며
정리하다가 하나의 커다란 질문에 맞닥뜨리게 되었다.

"일본이란, 일본인이란 무엇인가?"

고래와 더불어 살고, 쪽잎으로 옷을 물들이고,
고구마에 엄청난 손이 가는 일을 한다.

쌀에 미생물을 묻히고, 술과 조미료를 빚는다.
그것을 삼나무와 대나무로 만든 거대한 통에 담가
나라를 움직이는 거대한 산업으로 키웠다. 산과
바다에서 나는 것들을 소금에 절이고, 개머루를
술이 되게 하고, 멀리 외딴 섬에 멋진 음식 문화를
만들어냈다. 발효문화는 일본인에게 삶의 원동력이
되어 왔다.

왜 이토록 다양한 문화가 생겨난 걸까?

'일본인이 궁리가 뛰어난 지혜로운 민족이기
때문이다'라는 것은 답이 되지 않는다. 그게 아니라

많은 사람이 부족한 것뿐인 열도의 척박한 환경 속에
살아왔기 때문이다. 제한된 세계를 살아남기 위해
민초들이 몇 대에 걸쳐 그 고장에 있는 것과 눈에
보이지 않는 자연의 힘을 조합하는 방법을 끊임없이
배워왔다. 시행착오를 거듭해 가면서 다양성이
생겨난다.

이번에 여행한 많은 곳이 일찍이 (혹은 지금도)
닫혀 있는 장소였다. 가파르고 험한 산들에,
절해(絶海)에, 매서운 추위의 겨울과 얼음에 갇힌
가운데 다른 지역에서 자유롭게 물건을 날라 올 수도
없다.

신비로운 일이지만, '어떤 것도 자유롭게 사용할
수 없다'는 것이 창조성을 낳는다.

내버려 두어도 식물이 열매를 맺고, 수해도
가뭄도 태풍도 지진도 없다면, 먹고사는 것에
지금까지처럼 애쓰며 궁리할 필요는 없었을 것이다.
'없다'는 것이 '있게 한다'는 의지를 낳는다. 이 의지가
표출된 것이 산다는 것이다.

제약이 있는 환경에서 어떻게 살아남아 갈까.
그 절실함이 개인적인 발상의 비약을 넘어서고, 그

비약이 커뮤니티에 받아들여져 가면 문화가 된다. 문화가 생겨나면 '즐거움(樂)'이 생겨나고, 즐거움이 가치를 낳고, 그 가치가 커뮤니티를 묶는 끈이 된다. 발효의 역사는 살아남는 '지혜'가 더 잘 살기 위한 '즐거움'이 되어, 그 즐거움을 공유하기 위해 '커뮤니티'가 되어가는 과정을 더듬어 간다. 결국 일본 문화의 형성 패턴을 밝혀 가는 것이다.

지금껏 내가 체험하며 눈여겨본 것은 어떤 상황도 이겨내려는 사람들의 강인한 의지와 회복 탄력성 및 다양성이라 할 것이다.

마지막으로 일본의 다양한 발효문화를 낳은 원동력을 생각해 보자.

첫째, 자연환경의 불안정함과 혹독함. 식량부족 현상이 빈번한 환경에서, 현재 있는 식자재를 보존 식품으로 만들 필요가 생겨났다.

둘째, 미생물 환경. 온난다습한 데다가 고장에 따라 기후와 풍토의 특징이 뚜렷한 일본 열도에는 다양한 미생물이 서식하고 있다. 다양하다는 것은,

부패하게 하는 미생물도 많다는 것이다. 부패 위험을
막기 위해 먼저 소금을 사용하기로 했다. 그러자
소금에 강한 미생물이 더러 유익한 발효작용을
나타내게 되었다. 이것이 어장(魚醬)과 쓰케모노
문화로 발전해 간다. 또한 논밭에 서식하고 있던,
독이 없는 특수한 곰팡이 곧 누룩의 존재도 컸다.
이 곰팡이가 일본 음식에 독특한 풍미를 가져오는
누룩 문화를 낳아, 단순한 소재에서 복잡한 풍미를
만들어낼 수 있게 했다. 일본(그리고 동아시아 일대)
발효식품이 지닌 다채로운 풍미에는 다양한 효소로
수많은 분해작용을 하는 곰팡이가 기여하는 부분도
크다.•

　셋째, 불교에 의한 육식 금지.•• 가축의 고기와
젖은 생명 유지에 꼭 필요한 단백질을 몸에 부담을
주지 않으며 섭취할 수 있게 한다. 그러나 이는
불교에서 금하고 있어서 식물과 어패류로 단백질을
보충할 수밖에 없다. 하지만 제철이 한정되어 있고,
가축처럼 원하는 때 먹을 수 없어서 뭔가 가공기술이
필요했다. 그것이 센과 나레즈시 같은 독특한 음식
문화를 낳았다.

• 유산균 등의 세균류에 비하면, 복잡하게 진화한 곰팡이는 많은 효소를 지닌다. 코우지가
비(누룩곰팡이) 외에도 템페(tempeh, 대두를 발효시켜 만든 고단백 식품, 인도네시아 원산지)의
전통적인 음식 누지를 만드는 곰팡이도 마찬가지다.

•• 자세히 보면 예외도 많다. 소와(諏訪) 일대의
가치기멘(鹿食免) 등, 토착 신앙에 이어진 것도
있다. 토끼와 새는 일상적으로 먹어온 듯하다.

그렇지 않아도 척박한 환경에서 고기를 먹을 수 없고, 게다가 모처럼 손에 넣은 음식물이 이내 썩는다. 지진과 쓰나미와 태풍으로 작물이 모두 죽기도 한다. 이런 불리한 상황을 극복하기 위해 발효라는 기술을 계속 연마해온 것이다.

곡물이나 생선을 발효시켜 신에게 올린다. 발효와 신앙의 깊은 관계는, 자신들을 살리기도 죽이기도 하는 자연에 대한 두려움을 말해준다. 그 두려움을 극복하려는 의지로 자신들의 기술 곧 솜씨가 생겨나고 그것을 과시한 게 아닐까. 하지만 그 기술의 핵을 이루는 미생물들은 눈에 보이지 않고 통제하기 어려운 초자연의 존재이기도 하다.

거대한 자연의 위협을 물리치는 작은 자연의 신비스러운 힘. 이 기적에 대한 감사가 신앙이 되고 축제가 되었다. 그리고 작은 자연을 관장하는 양조가는 때로 신관(神官)으로서, 문화와 경제의 수호자로서, 그 고장의 맛을 빚어내는 훌륭한 요리인으로서 눈에 보이지 않는 생물의 기색을 감지하는 능력을 발휘해 왔다. 엄혹한 세계를 살아남으려는 의지를 몸소 구체화하는 존재다.

＊

오늘날 일본은 예전 사람들이 직면했던 생존의
위협을 정복해가는 듯이 보인다. 농업 기술 발달로
연중 언제나 작물을 재배할 수 있고, 가공 기술 발달로
힘들이지 않고도 식품을 보존할 수 있으며, 유통 기술
발달로 지구 반대편에서도 생선을 운반해 올 수 있다.
예전에는 손에 들어오지 않았던, 먹기 쉽게 정제된
밀가루와 설탕, 고기와 우유도 당연한 것처럼 먹을 수
있다.

이 책에 나오는, 결코 먹기 쉽다고 할 수 없는
로컬 발효음식 가운데 적지 않은 것이 '엄혹한 세계를
이겨내고 살아남기'를 마쳐가는 걸까? 그 고장
사람들의 기억에서 급속도로 희미해져 가는 것은
틀림없는 사실이 되었다.

필요 없어진 문화는 사라져버릴 운명인 걸까?

미야기현 게센누마(氣仙沼)에 '아자라'라는 향토
음식이 있다. 메누케*라는 잡어의 살이 붙은 뼈 부분과,
오래되어 시큼해진 배추의 후루쓰케(묵은 채소절임)를
술지게미로 졸인 것으로, '어쨌든 먹을 수 있을 만한

* 수심 200미터 이하에 사는 붉은 심해
어. 건져 올리면 수압의 변화로 눈이 튀
어나오기(메자기)에 메누케라고 한다.

것은 무엇 하나 버리고 싶지 않다!'라는 확고한 신념을
구체화한 기발한 레시피다. 이 아자라를 찾아 몇몇
식품 회사와 음식점에 수소문해 보니 "지금은 만들지
않는다."라고 했다. 우여곡절 끝에 다다른 것이 '논비리
사카바 니코루'라는, 센다이에 있는 요즘 유행하는
형태의 선술집 주인이다. 그곳 점주 후시야(伏谷)
씨가 게센누마의 아주머니들 곁을 오가며 아자라
만드는 법을 배웠고, 그것을 자기 가게 메뉴로 번듯이
내놓았다. 후시야 씨의 아자라는 메누케가 아니라
대구 살이 붙은 뼈 부분으로 만든 것이다.

"게센누마에서는 2011년 대지진 이후 메누케
어획량이 줄었습니다. 그때까지 아자라를 수작업으로
만들던 노인들도 피난 가버리고, 메누케가 잡히지
않으니 그나마 하던 사람들도 대개 그만두었습니다.
그 상황에 위기를 느껴 더 늦어지기 전에 배우러 간
겁니다."

후시야 씨는 말한다. "메누케에 매달리다 보면
아자라 자체가 없어져 버릴지도 모릅니다. 본래
아자라는 그냥 먹으면 맛없는 것을 모아서 맛있는
것을 만드는 요리죠. 중요한 것은 '어떻게 만드는가'가
아니라 '어째서 만들었나'라고 생각합니다."

이 말이 가슴에 확 밀려왔다.

어떻게 문화를 미래에 이어갈 것인가. 여기에는
중요한 힌트가 있다. 전통의 본질을 '양식'이라고
파악하면 문화는 변동의 시대를 살아남을 수 없다.
'양식'이 아니라 '발상', 스타일이 아니라 '콘셉트'야말로
문화의 핵심이다.

물고기가 잡히지 않는다. 밭일할 사람이 없다.
물이 달라지고 토양이 달라졌다. 시대가 달라지고
사람이 달라졌다… 이 '없는' 상태를 '있게 하는'
의지야말로 살아있는 디자인의 원천이다. 문화는
'위기에 의해 사라지는' 것이 아니라 '위기이므로
살아남는' 것일 터다.

아자라는 된장도 간장도 사용하지 않고
쓰케모노의 신맛과 술지게미의 감칠맛을 내는 것으로,
짠맛이 적고 의외로 먹기 쉽다. 몸통 부분과 달리
식감이 좋지 않은, 대구 살이 붙은 뼈 부분이 맛이
깊어져 대단히 맛있다. 마이너스끼리 곱하면 플러스로
바뀌는 원리와 상통하는 멋진 디자인이다.

"괜찮으시다면 와인이랑 드셔보시겠습니까?"
달지 않은 화이트와인을 잔에 따라 주었다.

의외의 조합이라 할 수 있지만, 실은 잘 어울린다.
그런가? 아자라는 일본식 부야베스(bouillabaisse)°인
것이다. '나이 든 사람들이 좋아하는 향토 요리'라는
선입견이, 상황을 바꾸고 문맥을 편집하는 것에 의해
뒤집혀서 모던한 식체험으로 다시 살아난다.

　　로컬 문화가 사라지는가 살아남는가를 좌우하는
것은 시대의 필연이 아니라 개인의 창조성이다.
이전까지의 역할을 마쳤다면 새로운 역할을 고안하면
되는 것이다.

　　"어떻게 죽지 않고 살아남을까?"가 지상 명제이던
시대가 끝나고, 성숙한 일본에 사는 사람들의 다음
명제는 "어떻게 희망을 갖고 살아갈 수 있을까?"가
될 것이다. 자신이 사는 고장이, 자신을 기른 문화가
미래에도 이어진다. 자신의 존재가 긍정되기 위한,
자신이라는 개인의 로컬리티를 담보하기 위한 희망.
가능한 한 많은 고장에서 이 희망을 느낄 수 있게
한다. 그때, 고장의 기억을 간직하고 풍토를 생생하게
구현하는 발효문화는 로컬리티의 토대가 되고 희망의
근거가 될 것이다. 다 함께 식탁에 둘러앉아, 몇백 년
동안 빚어져 온 역사를 먹고 피와 살이 된다. 기억을

○생선을 비롯한 해산물과 마늘, 양파,
감자 등을 넣고 끓인 지중해식 생선스
튜. 프랑스 마르세유 지방의 전통 요리.

전달하는 것은 언어만이 아니다. 먹는 것은 배우는 것. 만드는 것은 생각해 내는 것이다.

테크놀로지의 빛이 세계를 비추며 풍요로운 세계가 찾아왔다. 물론 나도 그 혜택을 입고 자라왔다. 하지만 그 빛이 닿지 않는 어둠 속에 또 다른 형태의 풍요로움이 있다. 그 풍요는 고장 수만큼, 행복을 바라는 사람 수만큼 무한히 있다.

삶 속 어둠을 응시하자. 과거부터 목숨을 이어온, 잊힌 존재의 잊힌 작은 소리, 작은 빛이 깜박인다. 귀 기울이며 생각해 내자. 과거와의 연결은 끊어지지 않았다. 과거와 이어져 있다는 것은 미래를 향한 길이 있다는 것이다. 위기의 종류가 달라지면 희망도 달라진다.

이것은 일본 사람들이 어떻게 살아왔는지의 역사이며 이 나라에서 어떻게 살아갈까를 말해주는 미래다. 기억의 방주이며, 미래로 나아가기 위한 방주다.

노 저어 출발하자. 별의 깜박임이 사라지기 전에.

특별 에피소드 두 편

오키나와의 도후요우

오키나와 발효음식의 대표주자라 하면 단연
도후요우. 오키나와 요릿집에서 먹어본 사람은 많아도
만드는 방법은 별로 알려지지 않았다. 도후요우는
한마디로 '두부 워슈치즈의 소금누룩절임'이다.
혼슈 두부보다 단단한 중국풍 시마도후(島豆腐)에
낫토균과 비슷한 균을 묻혀 끈적끈적하게 한다.
그것을 다시 물 대신 알콜로 만든 소금누룩에 담가
숙성시킨다. 특별해 보이는 붉은색은 홍국(紅麴)이라는
붉은곰팡이의 발효작용으로 만들어지는 것이다.
레시피는 일본 혼슈의 발효문화와는 같은 범주에
넣을 수 없는 매우 불가사의한 것으로, 중국 남부에서
타이완에 이르는, 누룩에 담가 두부를 흐물흐물하게
하는 '후루(腐乳)'°의 레시피와 맥을 같이 한다고 할
수 있다. 일본에서는 뜨악할 정도로 신기하지만,
중국에서는 자연스레 여겨지는 음식이다.

° '후뉴'라고도 발음한다.

도후요우의 원조라 할 수 있는 '후루'에는
푸른색과 흰색과 붉은색의 3색이 있다. 이는 미생물
자체의 색으로, '아오(靑)후루'는 고소킨(枯草菌)°과
푸른곰팡이나 각종 세균류 등이 복잡하게 섞이면서
발효된 것이다. 끔찍할 정도로 지독하고 묘한 냄새를
풍겨 '취두부'라 부르기도 한다. 포장마차에서도 튀긴
취두부를 볼 수 있는데, 50여 미터 떨어진 곳까지도
냄새를 풍긴 다. 일본 식문화에서는 도저히 받아들일
수 없을 듯한 하드코어한 음식이다.(나는 좋아하지만)

'시로(白)후루'는 술과 조미료에 쓰는 희끄무레한
곰팡이로 담근 것으로, 일본인에게도 그런대로
친근한 맛이다. 그리고 '아카(赤)후루'는 남국 특유의
붉은곰팡이(모나스쿠스monascus 속屬 곰팡이) 누룩으로
담그는 것으로, 독특한 신맛이 특징이다.

"아, 결국 오키나와의 도후요우는 아카후루의
계보인가?"

그렇지만 그 기원은 시로후루가 아닐까.

도후요우 만드는 법과 기원을 찾아보려고 현 내
여러 업체에 문의해 보았지만 "견학은 사절"이라는
대답만 돌아왔다. 그래도 끈질기게 수소문한 끝에 한

○ 공기 중이나 토양 등 자연계 어디나
존재하는 세균의 일종. 마른 잎 등에 많
이 있어서 부른다. 낫토균도 그 일종.

곳에서 어렵사리 승낙이 떨어졌다. 기노완(宜野灣)에
있는 류큐 우리즌(うりずん) 물산(物産)이다. 조그마한
'마을 공장'으로 생각했는데, 내력을 듣고 보니 만만치
않았다! 2차대전 후 일본에서 처음으로 도후요우를
대량생산한 유서 깊은 회사였다.

도후요우 만드는 현장

"도후요우가 브랜드화하여 시장에 나오게
된 것은 오키나와가 일본에 반환된 뒤°입니다.
그때까지는 궁정 요리사만의 비밀 레시피로 전해왔을
뿐입니다."

사장 히사다카(久高) 씨가 덧붙인다. "저희
아버지가 오키나와 향토 음식을 오랫동안 연구해
오셨는데, 1970년대 이후 도후요우 관련 자료들을
접하고서 당시 생존해 있던 궁정 요리사에게 만드는

○ 오키나와는 1972년 미
국으로부터 반환되었다.

법을 전수받았을 겁니다."

"궁정 레시피로는 흰 것과 붉은 것, 두 가지가
있었던 것 같습니다. 단, 어느 쪽이나 만드는 데는
홍국(紅麴)이 아닌 일반적인 황국(술이나 조미료에
쓰이는 것)을 씁니다. 붉은 도후요우는, 흰 도후요우의
마지막 단계에서 홍국을 섞어 착색하는 정도였던
듯합니다. 빨간색은 경사스러움을 상징하니, 특별한
이벤트가 있을 때 귀히 여겨졌을 겁니다."

2차대전 전후 한동안 홍국은 중국이나
타이완에서만 수입하는 희소한 것이어서 착색료로는
더욱 귀하게 여겨졌다고 한다. 고전적인 도후요우의
기본적인 풍미는 '시로후루'였던 것 같다. 그래서
오키나와가 반환된 후, 오키나와다운 지역
특산품을 만들자는 움직임이 활발해졌다. 농학박사
야스다마사아키(安田正昭) 씨를 중심으로 연구진이
꾸려지면서 비로소 홍국 제조기술이 체계를 갖추어
갔다. 이후 업체마다 담글 때부터 홍국을 쓰는
'아카후루' 스타일의 도후요우가 널리 퍼져갔다. 궁정
레시피로만 전해오던 것이 마침내 오키나와 풍토를
상징하는 독특한 향토 음식으로 새롭게 태어난
것이다.

도후요우는 대륙적인 두부 발효 냄새와 누룩의
감칠맛과 알콜 같은 향이 섞인, 묘하고 매력적인
풍미를 지닌다. 나는 도수가 높은 아와모리(泡盛)의
옛 술을 스트레이트로 마실 때 곁들이는 것을
매우 좋아한다. 혼슈와는 또 다른 남국의 복합적인
미의식을 맛볼 수 있는, 너무도 잘 어울리는 궁합
아닌가? 가능하다면 이른 봄날 해 질 녘, 오키나와의
바닷가에서 파도 소리를 들으며 느긋하게 맛보고
싶다!

아오모리의 고도

"내가 있는 도와타(十和田)에 콩으로 만든
불가사의한 발효식품이 있다고 합니다. 낫토 같기도
하고, 간장 같기도 한… 그 고장 어머니들이 꼼꼼하게
손수 만드는 것 같은데, 같이 가보지 않겠습니까?"
아오모리에 사는 멋진 친구 안도(安藤) 씨에게
아오모리의 재미있는 음식 문화에 대해 물어보니,
아주 매력적인 음식 맛보기를 권했다. 뜸 들일 것 없이
도와타로 날아갔다. 그곳에서 나를 기다리고 있는
것은 충격적이라 할 만큼 하드코어한 발효음식이었다.

아오모리현 남부 하치노헤(八戸)에서 차로 한
시간쯤 달려, 도호쿠 지방에서나 볼 수 있을 법한
평야와 완만하게 펼쳐지는 산허리를 감싸며 도와타에
이른다. 안도 씨가 모는 황색 미니밴 '캉구'에 올라
그 지방 어머니들이 모여 손수 작업하는 현장으로
향했다.

대체 '고도'란 무엇인가?

대략 설명하자면 이렇다. 낫토에 누룩을 섞고,
유산발효시킨 낫토×누룩×유산발효한 '라면에 전부
얹은 토핑' 같은 모양일 게다. 한마디로 뭐라 표현할 수
없는 엄청난 발효식품인 것이다.

보기에는 흰 누룩이 섞인 걸쭉한 낫토 같다.
발효가 많이 진행되지 않았을 때는 밥에 얹어 먹거나
반찬으로 곁들이며, 발효가 꽤 되어 흐물흐물 녹은
것은 히시오(醬)처럼 조미료로 쓰이기도 한다.

"수작업으로 하다가 그만 생채기가 난 낫토를
어떻게든 맛있게 해보려는 생각에서 생겨난 것
같습니다. 누룩과 만나면 달고 맛있어지지요."

한 어머니의 귀띔이다. 도와타는 물론 아오모리현
남부 지방은 지금은 벼농사가 성하지만, 근대 들어
물 관리가 제대로 되기 전까지는 콩을 주식으로

하는 형편이었다. 습지가 펴져 있고 한랭한 기후여서
벼농사가 쉽지 않았다. 그러니 집집마다 당연히
낫토를 만들었을 것이다.

만들어본 사람은 익히 알겠지만, 낫토는
발효시키는 데 40도 이상의 온도가 필요하다.
옛날에는 이로리(囲炉裏)나 고다쓰(炬燵)°의 열을
이용했다.

하지만 열이 약하면 발효가 진전되지 않아
딱딱하고 부드러운 식감이 뒤엉켜버려 뭔가 질감이
떨어지는 '낫토 같은 것'이 생긴다. '고도'는 '그렇게
하자 있는 낫토도 어떻게든 먹자!'는 발상에서 생겨난
듯하다.

'고도' 만드는 법을 살펴보자. 먼저 콩을 부드럽게
찌고, 거기에 낫토균의 씨(결국 낫토. 요구르트 만들 때
기성 제품의 요구르트를 씨처럼 넣는 것과 같은 원리)를
넣고 하루 이틀 보온 처리한다. 만들어진 낫토에
누룩과 소금(5퍼센트 이하의 소량), 경우에 따라 밥알을
섞어 며칠 더 발효시킨다. 그러면 누룩의 감칠맛과
유산발효에 의한 산미가 더해져 끈적이면서 감칠맛
나고, 달고 시름한, 아주 복합적인 풍미가 생겨난다.
감칠맛이 강할 때는 반찬으로 곁들이고, 산미가

○ 숯불이나 전기 등의 열
원 위에 틀을 놓고 그 위
로 이불을 덮는 난방기구.

강해지면 조미료로 쓰면 그만이다.

'고도'는 발효를 체계적으로 배운 사람에게는
깜짝 놀랄 레시피다. 술이나 된장 양조장에서 담그는
시기에 낫토 먹는 것을 금하듯이, 누룩과 낫토는
어울리지 않는 듯하다. 누룩곰팡이보다 번식력이 강한
낫토균은 누룩의 발효를 망가뜨려 버린다. 그렇지만
'고도'에서는, 낫토에 누룩을 섞고 거기에 유산발효를
불러들이는, 발효학에서 말하는 '잡균오염'을
의도적으로 해버린다. 도와타의 어머니들에 의한
하드코어 펑크(punk)인 셈이다.

게다가 이 엄청난 맛을 어떡한단 말인가! 낫토의
향긋한 풍미와 누룩의 단맛과 향, 마지막에 결정타가
되는 유산균의 산미가 더해져, 일본 음식 특유의 발효
감칠맛이 입안에 회오리바람처럼 휘몰아치는 충격의
맛인 것이다.

게다가 '고도'에는 그것만이 지닌 스타일이 있다.
내가 만난 두 어머니는 나름 취향이 달랐다. 한 분은
발효 초기 누룩의 단맛을 낸 '신선한 고도'가 맛있다
하고, 다른 한 분은 발효가 진전되어 산미가 짙어진
'숙성된 고도'가 맛있다 한다. 만드는 분에 따라 답이

다른, 힙합에서 말할 때의 '스타일 워즈(Style Wars)°'가 있는 것이다.

도와타의 어머니들에 의해 이어져 온 초(超) 로컬 발효음식 '고도'에는 불가사의한 모던함이 녹아 있다. 원료라 해봐야 콩, 쌀(누룩), 소금. 어디서나 쉽게 구할 수 있는 것이다. 까다로운 기술이나 비싼 설비도 필요 없다. 게다가 일본 특유의 발효문화에서 온갖 좋은 점과 이점을 한데 모은 듯한, 풍부한 감칠맛이 있다. 너무도 충격적인 맛이어서 나도 모르게 "어머니, 이 레시피 제게도 가르쳐 주세요!" 하고 그만 넙죽 엎어져 버렸다.

이 책 원고를 한창 쓰고 있는 지금 내 손으로 '고도'를 재현하는 데 성공했다. 이 최강의 레시피는 미래의 발효 마니아들에게 이어져야 할 걸작이다.

○ 1970년대 힙합문화 태동 후 문화적으로 다양한 분야에서 힙합이 구축되는 현상과 이를 넘어서는 과정을 그린 다큐멘터리(1983).

꽁꽁 숨겨둔 발효음식

47도도부현을 돌아보는 여행, 어땠습니까?

본문이나 칼럼에 될 수 있으면 많은 발효 이야기를 다루려 했지만, 형편상 싣지 못하게 된 것들을 간추려 소개합니다.

우리에게 익숙한 이바라키현 미토(水戸)의 낫토. 그곳에서 태평양 연안을 따라 올라가 이와테현 니시와가(西和賀)에서 눈에 묻어 발효시키는 '유키낫토'. 거기서 더 북쪽에 위치한 아오모리현

고도 만드는 모습과 고도

도와타(十和田)의 '고도'. 수작업으로 만드는 데 실패한 낫토에 누룩을 넣어서 더 유산발효시킨 '고도'라는 놀랄 만한 발효식품이 지역 어머니들에 의해 소리 없이 이어지고 있습니다.

야마가타현 쓰루오카(鶴岡)에서는 '센지키우리'라는 멋진 레시피를 만나게 되었습니다. 온전치 않은 오이를 소금에 절이고, 또 거기서 나온 수분으로 오이를 졸이고, 그것을 또 소금에 절이고… 하는 작업이 거듭되니 결국 피클 같은 맛이 납니다.

발효음식으로 특별히 손꼽히는 이시카와현에는 '후구노코'가 단연 돋보입니다. 시로야마(白山)에서 복어의 난소로 만든 헤시코즈케°는 맛에서만큼은 단연 으뜸입니다.

○ 물고기 내장을 소금에 절인 뒤 다시 쌀겨에 절인 것.

센지키우리 절임

이웃한 후쿠이현에는 '고등어 헤시코 나레즈시'라는 놀랄 만한 레시피가 있습니다. 와카사 만 가장 안쪽 타가라스(田烏)라는 마을에서 만드는데, 고등어를 소금겨(겨된장)에 담근 것을 다시 쌀에 담가 만듭니다.

치바현 구쥬구리(九十九里)에서는, 면화 재배에 쓰이는 비료를 위한 정어리잡이가 성했습니다. 수입 면화가 대세를 이루자 정어리는 식탁에 오르게 되어 '정어리 고마즈케'라는 음식이 생겨납니다. 사이타마현 치치부, 부코산(武甲山) 기슭에서 재배되는 셋파쿠타이사이(雪白体菜)로 만드는 '샤쿠시나쓰케'는 훌륭한 쓰케모노입니다.

시마네현 마쓰에(松江)~이즈모(出雲) 일대의, 홍백의 구옥(勾玉)° 같은 '쓰타(津田) 가부(순무)쓰케', 야마구치현 하기(萩) 부근 사사나미(佐々並)라는 마을의

가부쓰케

논두렁에서 자란 찹쌀로 만든 단술 '아마기야(甘粥)'는
산인(山陰) 지방 특유의 기후와 풍토를 느끼게 합니다.

내 집이 있는 야마나시현의 고후(甲府) 분지
특산인 이 지역 포도로 담근 '고슈와인', 이웃 나가노현
기소(木曾)의, 소금을 사용하지 않는 '슨키쓰케', 냄새가
진동하는 음식의 대표 격으로 꼽히는 이즈반도의
'쿠사야', 고치(高知)현 레이호쿠(嶺北)° 지방의
'고이시차(碁石茶)'는 곰팡이와 유산균으로 빚은
것으로, 『발효문화인류학』에서 소개한 대로입니다.
도쿠시마현 가미카쓰(上勝) 주변 산간 지방에서 만드는
'아와반차'도 고이시차와 유사한 발효균으로 빚는
차입니다.

후쿠오카현 하카타(博多)라 하면 명란!
스케토우다라(대구의 일종) 알을 발효 조미액에 담그면
흐물흐물한 이리가 탱글탱글해집니다. 오이타현
히타(日田)의 '아유의 우루카'°°는 내장뿐만 아니라
살도 사용하며 블루치즈 같은 풍미를 지닙니다.

가고시마현 아마미 제도의 소철 열매를 물과

○ 고치현 북부 지역, 시코쿠의 중앙 부에 해당하며 요시노강 상류 유역.

○○ 은어 알이나 창자로 만든 젓갈.

열매가 있는 소철나무

공기에 노출시켜 독을 제거하고 누룩균을 묻히는
'나리', 오키나와 류큐 왕조의 궁정 레시피인,
시마도후(島豆腐)에 낫토균의 일종을 묻혀서
아와모리로 담근 소금누룩에 절이는 '도후요우'도
독특한 발효식품입니다만, 그 배경이 너무 심오하니
다른 기회에 이 지역만 따로 다루고 싶습니다.

　　이번 여행에서 소개한 것 외에도 많은 발효
레시피가 일본 각지에 있습니다. "왜 우리 마을의
발효식품을 소개하지 않은 거야!"라며 언짢아하실
분도 있겠습니다만, 부디 그 가치를 세상에 널리
알려주시면 저도·기쁘겠습니다.

옮긴이의 말

'발효'나 '발효음식'의 사전적 의미는 왠지 발효음식을 먹을 때처럼 편하게 다가오지 않는다. '효모', '세균', '미생물'까지는 그냥 그런가 싶은데, 그 작용에 관한 설명에 이르면 용어들이 착 감겨오지 않고 맴도는 듯하다. 그런데 이 신비스러운 '작용'이야말로 식재료를 불가사의하면서도 매력적인 것으로 만든다. 그 작용으로 만들어지는 헤아릴 수 없이 많은 발효음식의 보편성과 특수성이 다채로운 발효의 세계를 친근하게 느껴지게 한다.

인류의 역사만큼 오래되었으면서 토착성과 지역성 및 호불호가 뚜렷한 발효음식은 영양 공급원 이상의 의미를 지닌다. 그 '의미'에는 발효음식과 함께해 온 사람들의 이야기가 깃들어 있는데, 그 이야기의 중심을 이루는 '깊은 맛과 감칠맛', '기다림', '느림', '삭힘' 등은 미친 듯이 앞으로만 치닫는 현대 사회에서 사람들의 힐링을 위한 수단으로 다루어지기도 한다.

자칭 '발효 전도사', '발효 디자이너'로 다양한 매체
와 방식을 통해 활발하게 활동하고 있는 저자 오구라
히라쿠. 그는 NHK에서 방영된 한 대담 프로그램에서
이렇게 고백했다. "신출내기 디자이너 시절, 발효음식
을 통해 허약 체질에서 거듭났으며 발효의 세계를 통
해 내면의 세계관이 바뀌었다."

　　지인을 통해 알게 된 분의 조언으로 발효음식을
꾸준히 먹었더니 몸이 좋아졌다.—여기까지는 웬만
한 사람들도 겪었음직한 일이다. 그런데 그는 이 체험
을 통해 발효의 세계에 본격적으로 빠져들게 되었고,
발효 메커니즘을 연구하면서 세상을 보는 눈이 달라졌
다. 조급해하거나 안달하지 않고, 맞닥뜨리는 상황을
뭔가의 탓으로 돌리지 않으며, 자신과 세계를 거리를
두고 관조할 수 있게 된 것이다. 몸이 달라진 것과 다른
차원의 이런 변화가 참으로 놀랍다.

　　본문에서도 언급했지만, '뭔가를 만들어내는 것은
나 자신이 아니라 미생물과 자연이 하는 일이고, 자신
은 그것들을 돌보는 코디네이터'라는 깨달음은 우리에
게도 시사하는 바가 크다. 집착에서 벗어나고 겸손해
지며, 자연을 포함한 대상을 바라보고 느끼는 '감각의
해상도'가 높아지는 것(이 책을 번역하며 참 매력적으로

다가온 말이다!)은 얼마나 큰 축복이며 감사한 일인가?

이 책에는 2018년 여름 끝자락에서 이듬해 봄에 걸친 일본 각지의 발효 여행—여행이라기보다는 '순례'에 가깝다고 본다—을 통해 만난 사람들과 음식이 빚어온 이야기들이 흥미진진하게 펼쳐진다. 10대부터 백패커로 해외를 돌아다니며 유럽에서 살기도 한 저자가 30대 중반을 지나며 8개월 동안 일본 발효음식을 둘러본 여행은 그에게 또 다른 충격과 새로운 발견의 연속이었다. 기후도 식생도 다른 여러 지역에서 그가 만난 수많은 발효음식에 관한 이야기는 음식뿐만 아니라 일상에서 잊혀 가거나 도외시되는 소중한 것과 돌아보며 갈무리해야 할 것을 성찰하게 한다.

지난봄 도쿄에 갔을 때, 시모기타자와의 '발효 디파트먼트'에서 우연히 저자를 만났다. 이 책에 소개된 많은 발효음식이 머릿속에서 이름 따로 내용물 따로 맴돌고 있을 때다. 나름대로 정리한 목록을 뒤적이며 진열대에서 음식들을 찾아 바구니에 담고 있는데 마침 가게에 들른 저자와 인사를 나누게 된 것이다. 그는 이 책이 한국어판으로 출간되는 것을 무척 반가워했다. 짧은 만남이지만 활발하고 스스럼없는 모습에서 느껴지는 아우라가 매우 인상적이었다.

이후 그가 소개한 발효음식의 현장 가운데 몇몇 곳을 들러보았다. 콤콤한 냄새 가득한 제조현장, 발효 음식을 더 맛있게 느껴지게 하는 '기다림'의 공간, 걸어온 자취를 깔끔하게 정리하여 소개하는 자료관과 뮤지엄, 요모조모 살펴보다 결국 지갑을 열게 되는 샵 등등… 모든 곳에 그의 흔적이 남아 있었다. "오구라 씨의 이러이런 책을 읽고 궁금해서 왔다"고 하니 다들 반색하며 환대해 주었다. 말이 서툰 외국인 탐방객의 질문에 친절하게 응해 주신 분들, 서점에서 구할 수 없는 관련 자료들을 선뜻 소개해주신 분들께 이 자리를 빌려 감사드린다.

우리말로 옮기기에 몹시 까다로운 대목에서 머리를 쥐어짜며 키보드를 하염없이 맴돌고 있던 내게 도움을 준 친구 안천(安天) 씨에게도 감사드린다. 거친 번역 원고를 살뜰히 다듬고 보완하며 예쁜 책으로 태어나기까지 힘과 지혜를 모아주신 사장님과 동료들께도 깊이 감사드린다.

2023년 10월
송승호

발효식품 업체 홈페이지

이 책에서 이야기한 발효음식과 관련된 업체들의 홈페이지 주소를 장별로
소개합니다. 업체 이름을 명시하지 않은 것은 해당 음식으로 대신합니다.
(편집자)

✦ 들어가며

　　미야코비진(都美人) www.miyakobijin.co.jp

✦ 제1장

　　가쿠큐(都美人) www.kakukyu.jp

　　마루야(まるや) www.8miso.co.jp

　　도카이 양조(東海醸造) www.tokaijozo.com

　　고미 쇼유(五味醤油) yamagomiso.com

　　미즈칸 식초 mizkan.co.jp/mim/

✦ 제2장

　　긴잔지 미소(金山寺味噌) ota-kyusuke.jp

　　기요쓰루 주조(淸鶴酒造) www.kiyotsuru.jp

　　쓰지시바쓰케 본점(辻しば漬本舗) tsujishiba.com

✦ 제3장

　　마메아이(豆愛) www.mameai.jp
　　본문에는 미요시식품으로 소개되었으나 상호가 바뀌었다.

　　오노미치(尾道) 식초 kakuhoshisu-onomiti.com

　　마마카리 초절임 www.oygyoren.or.jp

✦ 제4장

　　아오츄 ao-chu.com/

✦ 제5장

　　구로즈쿠리 kyoukichi.co.jp/

　　간즈리 kanzuri.com

　　모로이(諸井) 양조(숏쓰루) www.shottsuru.jp

　　이시바시코우지야(사고하치) ishibashi.aizu1.com

　　시베쓰 어업협동조합(야마쓰케) www.sake-ikura.jp

지은이

오구라 히라쿠 小倉 ヒラク

발효 디자이너. 1983년 도쿄도에서 태어났다. 와세다대학 문학부에서 문화인류학을, 도쿄농업대학에서 발효학을 공부했다. 야마나시현 고후 시 산자락의 발효 연구실에서 미생물의 세계를 탐구한다. 전국 각지의 양조가들과 상품 개발, 그림·애니메이션 제작, 워크숍 및 다양한 프로젝트를 통해 일본 고유의 발효문화를 계승하고 알리고 발전시키는 데 주력하며 '발효문화 전도사' 같은 역할을 하고 있다. 저서로 『발효문화인류학』(가도카와문고), 『발효 투어리즘 호쿠리쿠』(fu프로덕션) 등이 있다.

옮긴이 **송승호**

서울대학교 인문대학 미학과를 졸업하고 민족문화추진회 국역연수원(현 고전번역원)에서 한학을 공부했다. 미술품과 문화재를 비롯한 일본 문화에 관심이 커 십수 년간 틈틈이 일본열도 곳곳을 탐사했다. 인문·예술 및 기독교 분야의 책을 만들어 왔으며, 효형출판에서 편집위원으로 일하고 있다.

깊숙이 일본 02

누룩에 꽂힌 디자이너의 발효 탐방기

1판 1쇄 인쇄 2023년 10월 15일 | **1판 1쇄 발행** 2023년 10월 30일
지은이 오구라 히라쿠 | **옮긴이** 송승호
펴낸이 송영만 | **디자인 자문** 최웅림 | **편집위원** 송승호 | **디자인** 조희연
펴낸곳 효형출판 | **출판등록** 1994년 9월 16일 제406-2003-031호
주소 10881 경기도 파주시 회동길 125-11(파주출판도시)
전자우편 editor@hyohyung.co.kr | **홈페이지** www.hyohyung.co.kr | **전화** 031 955 7600
ⓒ오구라 히라쿠, 2019, 2022
ISBN 978-89-5872-216-8   03910

값 18,500원